NOUS SOMMES CHARLIE

NOUS SOMMES CHARLIE

LE LIVRE DE POCHE

Tous les bénéfices de la vente de cet ouvrage seront intégralement reversés à l'association Presse et pluralisme pour le compte de *Charlie Hebdo*.

© Librairie Générale Française, 2015.
ISBN 978-2-253-08733-5

Je demeure convaincu qu'un journaliste n'est pas un enfant de chœur et que son rôle ne consiste pas à précéder les processions, la main plongée dans une corbeille de pétales de rose. Notre métier n'est pas de faire plaisir, non plus de faire du tort. Il est de porter la plume dans la plaie.

ALBERT LONDRES
(In *Terre d'ébène [La Traite des Noirs]*, 1929.)

Le 7 janvier 2015, pendant la conférence de rédaction de *Charlie Hebdo*, à l'heure où les idées et les rires avaient l'habitude de fuser, ce sont les balles qui ont sifflé. « On a vengé le Prophète », crient les deux assassins en fuyant les bureaux où ils viennent d'exécuter Charb, Cabu, Wolinski, Tignous, Honoré, Elsa Cayat, Mustapha Ourrad, Bernard Maris, Michel Renaud, Frédéric Boisseau, Franck Brinsolaro, Ahmed Merabet. Aussitôt, face à la barbarie qui a voulu mettre à genoux la liberté d'expression, des voix s'élèvent. C'est de là volonté de les rassembler en un recueil que naît, dès le lendemain, l'idée de cet ouvrage, mêlant textes classiques fondamentaux et paroles d'auteurs contemporains. La richesse des contributions gracieuses ici réunies témoigne du magnifique élan suscité par ce projet, dont l'intégralité des bénéfices sera reversée à *Charlie Hebdo*.

En tant qu'éditeur, cette liberté de penser et de créer qu'on assassine est notre combat. Sans pour autant oublier les autres victimes de cette semaine meurtrière, c'est à travers cet ouvrage que nous voulons nous engager, grâce aux mots de ces soixante écrivains et à la solidarité de toute la chaîne du livre.

Nous sommes Charlie,

Toute l'équipe du Livre de Poche

JACQUES ATTALI

RÉVEILLEZ-VOUS !

Après la tragédie et la catharsis émotionnelle qui a rassemblé tous les Français, ou presque, dans le deuil, la rage et la révolte, il faut au plus vite agir, pour que tout cela ne soit pas le début d'une longue série de drames, mais un des derniers soubresauts d'un fanatisme anachronique.

Et agir, c'est quoi ? Il appartient d'abord, immédiatement, au président de la République de proposer un plan d'action majeur. C'est aussi à la représentation nationale d'en débattre et de le voter.

Une dimension évidente de ce plan doit porter sur la sécurité des lieux et des personnes ; sur la meilleure surveillance de tous ceux qui peuvent, de près ou de loin, s'approcher de ces violences ; et sur davantage de sanctions. Cela passera évidemment aussi par beaucoup plus de moyens en matière de renseignement, de protection et de sanction. En France et hors de France. Le terrorisme prendra de nouvelles formes. Il est une dimension de la « somalisation » du monde. C'est elle qu'il faut combattre. En France, au Nigéria, au Moyen-Orient. Et ailleurs. Mais cela ne suffira pas. Car ce n'est pas en supprimant les libertés qu'on les défendra.

Il faut s'attaquer à l'essentiel : l'enseignement. Les trajectoires des derniers terroristes montrent en effet que, nés en France, ils ont manqué mille et une occasions d'intégration et de réussite. De plus, les comportements des élèves dans certains collèges et lycées confirment le fossé qui se creuse entre une partie, minime, de la jeunesse et le modèle laïc et républicain de la société française.

Et ce modèle est notre plus précieux trésor. Par ailleurs, le chômage, le déclassement, les multiples frustrations sociales sont les plus efficaces alliés de ces fanatismes.

Alors, tout doit être fait, de la prime enfance jusqu'à l'âge adulte, de la famille aux lieux de travail, pour former, intégrer, orienter, soutenir, accompagner. Tous doivent y concourir : parents, maîtres, chefs religieux, dirigeants politiques, écrivains, journalistes.

C'est donc le moment de se souvenir que l'enseignement des valeurs de la République doit commencer en maternelle ; qu'on ne peut laisser tant d'élèves des collèges et des lycées partir dans une dérive sectaire faute d'une formation adaptée ; qu'on ne peut laisser tant de jeunes sortir de l'enseignement sans diplôme ; que la formation permanente doit rattraper ceux que l'école a perdus et s'adresser en toute priorité aux chômeurs pour leur fournir des compétences ; que la formation doit continuer aussi partout, jusqu'en prison même, où on ne doit pas laisser se cristalliser la désespérance. Aux artistes aussi de savoir parler de cela, par le cinéma, le théâtre, le roman, la musique.

Mais, plus encore, pour y parvenir, tout dépendra du dialogue quotidien, tolérant, empathique, ferme et souriant, entre nous, tous les Français. À nous de tendre la main aux plus démunis, aux plus désorientés, aux plus agressifs. À nous de débattre, d'aider, de soutenir. Sans rien attendre des politiques. À nous d'être fraternels. À nous de faire vivre les valeurs de la République, de montrer qu'on peut écouter l'autre, ne pas le laisser, jamais, au bord de la route. À nous d'aller au-devant des plus perdus d'entre nous, pour leur parler, leur donner confiance en eux, les aider à comprendre qu'une vie réussie est possible hors de la haine et de la paranoïa.

De ces chocs, nous sortirons alors grandis.

C'est au bord du précipice qu'on prend conscience de l'urgence de vivre.

(Texte publié dans *L'Express* du 14 janvier 2015.)

GWENAËLLE AUBRY

Juste un rêve dans cette nuit de mercredi à jeudi entre-coupée d'insomnies. C'est le bouclage de *Charlie*. Vous travaillez fiévreux en écoutant de la musique très fort et en riant beaucoup. La fenêtre est grande ouverte, un fleuve coule à vos pieds. Tu te dis : on aurait dû penser plus tôt à s'installer au bord de l'eau. Ils ont l'air d'un coup très fatigués, leurs visages de vieux adolescents se brouillent, s'effacent. Tu les mets au lit, tu les bordes, tu les embrasses, tu leur souhaites une belle nuit.

Ensuite, tu marches dans les rues de Paris, quadrillées d'hommes en armes. D'immenses drones volent très bas, te frôlent.

Soudain te voici près de chez toi, dans la Grande Mos-quée. Tu te souviens qu'elle a été construite par
Un Juif d'Alger
Il fait jour des oiseaux égarés nichent entre les arches
Sur un banc trois enfants portant kippa les regardent en mangeant des pâtisseries orientales et en souriant.

Chaque mot chaque geste va compter dans les jours les mois à venir
Haines petites phrases livres épais
Angoisses sourdes regards lourds dans la rue les désamor-cer en défaire les pièges leur
Résister
Lire lier écrire penser apprendre expliquer se souvenir que l'on est eux
Indispensables enfants terribles
ET YOAV ET AHMED AUSSI

BEAUMARCHAIS

[...] Je lui dirais... que les sottises imprimées n'ont d'importance qu'aux lieux où l'on en gêne le cours ; que, sans la liberté de blâmer, il n'est point d'éloge flatteur ; et qu'il n'y a que les petits hommes qui redoutent les petits écrits. [...] on me dit que [...] pourvu que je ne parle en mes écrits ni de l'autorité, ni du culte, ni de la politique, ni de la morale, ni des gens en place, ni des corps en crédit, ni de l'Opéra, ni des autres spectacles, ni de personne qui tienne à quelque chose, je puis tout imprimer librement, sous l'inspection de deux ou trois censeurs.

(*Le Mariage de Figaro,* Acte V, Scène 3.)

FRÉDÉRIC BEIGBEDER

Je ne voulais pas réagir. Pas question de changer quoi que ce soit à ma vie parce que des débiles mentaux ont assassiné des artistes. Je me disais : « Si je modifie ma façon d'être, si j'écris autrement, si je bois moins, si j'arrête de déconner, les idiots auront gagné. » Pourtant, j'ai changé : à présent, je mange encore plus de saucisson de porc noir de Bigorre.

LAURENT BINET

Si je devais résumer tout *Charlie Hebdo* en une phrase, je dirais : « Il n'y a qu'un seul Dieu, et il n'existe pas. »

Puisse leur martyre inspirer des nuées d'héritiers qui continueront, par le crayon et la plume, à porter ce message glorieux, en ces temps obscurs.

JULIEN BLANC-GRAS

« UN MONDE MEILLEUR »

J'aurais pu parler de politique ou de religion, mais je préfère aborder un sujet important. Comment allons-nous vivre après *ça*, une fois passé la tristesse, la colère et le recueillement ? Comment vivre après les belles unions et les polémiques stériles, quand revient rôder une routine un peu plus grise qu'avant ?

Le 8 janvier, je suis descendu au kiosque pour acheter la presse. Les quotidiens et leurs unes tragiques étaient vendus depuis longtemps. Seul restait sur le présentoir un numéro de *Courrier international*, bouclé avant l'attentat, paré de ce titre tellement incongru en cette heure : « Un monde meilleur ».

J'ai émis un ricanement sarcastique.

Puis je l'ai acheté.

Je l'ai acheté pour y trouver des raisons d'être optimiste. Il y en a. Malgré toutes les tragédies, la pauvreté recule, l'alphabétisation progresse et la démocratie aussi. Dans les faits, le monde ne s'est jamais aussi bien porté. Le bouillonnement médiatique qui nous imbibe nous donne l'impression inverse. Tout est une affaire de perception. Si nous n'avons pas de prise sur les événements, nous pouvons choisir notre façon de les appréhender.

Vous savez bien que vous ne mourrez pas dans un attentat. La victoire des terroristes, c'est d'empoisonner vos consciences. Ne leur donnez pas ce plaisir.

Pour refuser la peur, il faut encourager l'espoir. Saluez chaleureusement vos voisins, surtout s'ils ne partagent pas vos croyances.

Pour ne pas se laisser ronger par la rancœur, il faut sacraliser l'humour. N'hésitez pas à dessiner des bites en toutes circonstances.

Pour terrasser l'apathie, il faut entretenir la joie. Regardez le ciel, le printemps est déjà là.

Ne me prenez pas pour un naïf – j'ai eu un doctorat en cynisme, j'en suis revenu. Je suis simplement pragmatique. S'astreindre au bonheur, c'est une hygiène de survie pour périodes troublées. Vous ne sauverez pas l'humanité, vous l'améliorerez un tout petit peu en vous sauvant vous-mêmes.

C'est une forme de résistance. Une manière de contrarier les terroristes. Croupissez dans votre haine, bande d'abrutis. Nous, on va danser.

ÉVELYNE BLOCH-DANO

> « Là où la vie emmure, l'intelligence perce une issue… »
>
> Marcel Proust

Les Juifs ont obtenu la citoyenneté française le 29 septembre 1791, deux jours avant la dissolution de l'Assemblée constituante. La France est le premier pays à les avoir émancipés, leur accordant tous les droits réservés aux « citoyens actifs ». Les Juifs de France sont les enfants de la Révolution et de la Déclaration des droits de l'homme. Quels qu'aient été les drames et les persécutions auxquels ils ont été confrontés, quels que soient les doutes et les craintes de certains d'entre eux, ils sont profondément attachés aux principes républicains de ce pays avec lequel ils font corps. Voilà à quoi j'ai pensé le jour de la marche, immergée dans la foule immense où se retrouvaient tant d'hommes et de femmes, athées ou croyants, de toutes nationalités, de toutes origines. Un moment historique où le chagrin se mêlait à la fierté d'être si nombreux, sans bannières et sans barrières, un mouvement puissant, spontané, venu des profondeurs de notre Histoire, une manière de dire pour la foule silencieuse et joviale, innombrable et calme, un seul corps aux milliers de têtes, de bras, de jambes, de pieds qui piétinaient ou marchaient : nous sommes là, et pas seulement devant nos écrans de télévision ou d'ordinateurs, mais dans les rues, les boulevards, les avenues, sur les places, nous sommes le peuple avec toutes ses composantes, toutes ses classes sociales, tous ses âges, des vieillards aux bébés, et nous ne vous laisserons PAS passer. Vous, les assassins au nom d'une foi brandie comme une arme, qui se retourne aussi contre les vôtres. Ce moment de symbiose est-il illusoire ? Suis-je naïve ? Je sais, bien sûr, que cette belle unité se fissurera. Je sais que certains ne s'y reconnaissent pas. Je sais que d'autres se sentent exclus de notre société et vivent à raison cette exclusion comme une injustice. Mais c'est le souvenir de ce dimanche 11 janvier 2015 que je veux garder. Au-delà des sourires, de la bonhomie, dans le silence impressionnant, dans les applaudissements frappés par des milliers de mains comme des roulements de tambour, je voyais cela : des êtres humains, réels et non virtuels, ensemble et en pleine rue, comme Gavroche retrouvant ses forces en touchant le pavé de Paris, la France de Rabelais, de Molière, de Voltaire, de Diderot, de Hugo, de Sand, de Zola, la France des droits de l'homme défendait son idéal démocratique, sa morale laïque, sa liberté d'expression, la tolérance, l'insolence, l'esprit critique, le courage et l'humour – juif ou pas ! – parce que « rire est le propre de l'homme » et que tous, absolument tous, nous avons besoin d'espoir pour vivre.

VINCENT BROCVIELLE ET FRANÇOIS REYNAERT

LA DÉMOCRATIE, C'EST LA NUANCE

La démocratie, c'est la nuance. Le combat pour la nuance. Savoir distinguer entre caricature, blasphème, liberté d'expression et appel à la haine. Pouvoir faire la différence entre le communautarisme et la pleine appartenance à une communauté, entre un acte de foi et un acte de barbarie, entre le nationalisme et le patriotisme, entre le 11 Septembre et le 7 janvier, entre le racisme et l'islamophobie. Les nuances permettent de comprendre le monde.

Nous avons ressorti notre petit *Kit du XXIᵉ siècle* pour relire la définition que nous avions donnée de l'islamophobie dans le chapitre « Instruction civique ». Voici l'extrait :

« Pour désigner la détestation de l'islam et dénoncer ce qui apparaît à beaucoup comme une forme de racisme, on parle souvent d'*islamophobie*. Il faut savoir que le mot est contesté car il est ambigu. Être raciste, c'est reprocher à autrui ce qu'il est : personne n'a demandé à être blanc, noir ou jaune, c'est un fait de nature. Être islamophobe, au sens strict, c'est en vouloir non pas à un individu mais à une croyance. Ce n'est pas du même ordre. Dans une démocratie, on a parfaitement le droit de critiquer une religion, quelle qu'elle soit, cela ressort de la liberté de pensée. Reste qu'en affirmant constamment que les musulmans posent problème, qu'ils ne pourront jamais s'intégrer de façon paisible en Europe – comme la plupart pourtant le font déjà depuis longtemps –, l'extrême droite dépasse largement le cadre de la dispute religieuse et s'attaque à un autre droit tout aussi fondamental : la liberté de chacun de pratiquer sa religion. »

Comprendre la nuance entre le racisme et l'islamophobie permet de les combattre plus efficacement. Souligner le lien entre la liberté de pensée et la liberté de culte permet de s'affirmer en tant que démocratie laïque, ouverte et nuancée. À l'image des citoyens défilant le 11 janvier 2015, capables de se retrouver dans leurs différences.

NOËLLE CHÂTELET

LETTRE À VOLTAIRE

Monsieur,

Encore quelques mots pour vous dire mon sentiment sur ces événements qui ont tourmenté, mais aussi enflammé, la France ces deux dernières semaines.

Vous prendre à témoin, vous qui fîtes de la tolérance le maître-mot de votre pensée et de votre combat. Car c'est bien de cela qu'il s'agit ici : la tolérance est encore mise à mal dans notre pays.

Pour la petite histoire, je vous ai raconté, souvenez-vous, combien vous avez compté pour moi. Je vous avais confié que, pour aider ma mère à mettre au monde ses quatre enfants, mon père avait surélevé les pieds de son lit avec vos œuvres complètes !

Je peux donc m'enorgueillir d'être née *portée* par vous, au sens propre.

Vous ne m'avez guère quittée ensuite. Les années passant, je vous ai partagé avec mes élèves, puis mes étudiants. Vos écrits sont inscrits en moi et ne cessent de resurgir à chaque fois que la raison et l'obscurantisme s'affrontent, comme ils le firent déjà, en 1762, à l'occasion du procès de Jean Calas, que vous défendîtes avec tant de d'ardeur, de brio. Vous analysiez le droit de l'intolérance, que vous appeliez alors « le droit des tigres » et « cette sombre superstition qui porte les êtres faibles à imputer des crimes à quiconque ne pense pas comme elle ».

Malgré les progrès de la philosophie, puis de la laïcité (dont je vous ai entretenu déjà), les tigres existent toujours, sous d'autres habits – à croire qu'ils prospèrent sur les religions –, avec le même fanatisme, la même rage. Comme vous le disiez : « Ils nous exterminent encore au nom de la religion pour des paragraphes » – ou des dessins ! ajouterais-je.

Plus de deux siècles après votre *Traité sur la tolérance*, cette rage demeure. Nous en avons eu la triste preuve ce 7 janvier 2015 et les jours qui ont suivi.

La raison aurait-elle perdu ?

Je ne le crois pas. Car c'est avec des centaines de milliers d'autres que j'ai marché, sur ce boulevard à votre nom. Nous avons brandi le flambeau de la philosophie des Lumières et de la liberté d'expression.

Nous avez-vous entendus ? Notre cœur battait au rythme du vôtre.

Vous étiez parmi nous, Monsieur. Vous me *portiez*, une fois de plus.

MAXIME CHATTAM

LES MOTS, TOUJOURS...

J'ai longuement hésité avant de prendre la plume ici. Je ne savais pas comment aborder ce sujet, ce que je voulais voir imprimer noir sur blanc. Je voulais d'abord partager mon émotion, parler comme tout le monde de nos valeurs, de mon soutien, de mon attachement à nos libertés, et bien entendu trouver les mots pour les victimes. Mais je l'ai déjà fait ailleurs, sur les réseaux sociaux, ou en écrivant directement aux directeurs de la police par exemple et il m'a semblé que ce n'était plus le moment.

J'ai longuement hésité, et, après quelques jours pour laisser reposer un peu, il m'est apparu qu'il y avait autre chose à dire, à rappeler.

Quelque chose de tout aussi important. Évoquer l'avenir.

À l'automne 2014, j'ai entamé l'écriture d'un nouveau thriller. Une histoire policière qui vire peu à peu à l'enquête dans les milieux islamistes, près des radicaux, avant de tomber dans la course contre la montre face au terrorisme ; le « finale » du roman concernant deux groupes terroristes coordonnés qui prennent chacun un site en otage, menaçant d'exécuter leurs prisonniers si les forces de l'ordre intervenaient sur l'une ou l'autre des opérations.

Dois-je dire que, début janvier 2015, j'ai été soufflé par la réalité ? Bien sûr, ce roman ne paraîtra pas, ou pas en l'état ; je n'assumerai pas ces sombres ressemblances, mais c'est encore une autre histoire.

Si je vous raconte cela, c'est pour que vous compreniez combien j'étais plongé dans ces préoccupations, immergé dans mes recherches pour comprendre ce qu'est le terrorisme et ses racines modernes.

La réalité rattrape toujours la fiction, même la pire.

Mais ce que la réalité et mon travail sur cette fiction m'ont appris, c'est qu'il existe bien une guerre, de moins en moins larvée, et que celle-ci ne fait que commencer.

J'ai toutefois une conviction profonde : notre meilleur arme contre ces ennemis ne réside pas dans notre arsenal militaire, pas sur le long terme. Il réside bien, comme l'a clamé la rue en brandissant des stylos, dans nos outils de communication.

À l'origine des terroristes, ils ne sont qu'une poignée de leaders, mais leur discours a fait écho dans les têtes vides de milliers de jeunes en quête d'identité, ceux qui n'avaient rien, qui n'étaient rien, et qui, soudain, ont une place toute trouvée, une destinée hors normes et les promesses d'une prétendue éternité extatique.

Ces leaders ont su adapter leurs discours et recruter dans le hiatus de la civilisation.

Pour nous, ces gamins devenus djihadistes sont des fous, des ignobles salopards, des monstres.

Mais il ne faut pas se méprendre ; dans leur tête, ces apprentis martyrs ne sont pas les « méchants » de l'histoire. Nous, et notre système sommes à combattre. Ils sont les héros, les rebelles, une poignée contre une machine implacable qui ne leur a fait aucune place. Dans leur tête, ils s'embarquent dans une lutte contre l'ignorance, la nôtre, contre l'intransigeance, et pour détruire un système qui oppresse. Ils se voient comme les hérauts d'une foi libératrice, et, dans leur bouche, « terroriste » est devenu en réalité « sauveur ».

Personne ne naît et ne grandit en voulant être le méchant de l'histoire.

Une poignée de leaders charismatiques et malins a su endoctriner avec leurs savantes manipulations. Ils ont réussi à retourner la situation, à inverser les rôles dans la tête de ces gamins.

C'est cela qu'il faut combattre en premier lieu. L'affrontement sémantique doit mobiliser au moins autant de forces et de moyens que celui sur le terrain, car non, notre monde n'est pas barbare, non, il n'est pas impitoyable et mécréant, non, nos valeurs ne sont pas celles d'un empire inique, mais en laissant vide la tête de ces gamins, d'autres ont su y déverser ce qu'il fallait pour les faire tourner dans le mauvais sens.

Le premier champ de bataille doit être au pied de nos portes, dans nos rues, dans nos écoles, dans nos médias. Expliquer ce qu'est la République, la démocratie, mais surtout, lui redonner du sens. Que cette République se fasse une place là où elle n'est plus. La plupart des réseaux de radicaux passent par nos cités, là où l'État et ses valeurs ne signifient plus rien. Là où des gosses grandissent avec peu d'espoir, sans cadre. Lorsque des intégristes ferrent ces gamins avec leurs idées précises, leur offrant un cadre qui leur manquait, des espoirs – mieux : des certitudes à ne pas remettre en cause –, et au final en leur proposant de donner un sens à ce qui n'en avait plus, à leur vie, alors il n'est pas difficile d'enrôler les fragiles, les égarés… Ces manipulateurs n'ont qu'à ramasser ceux que notre système a laissés pour compte.

Maintenant, à nous de nous poser la question de ce que nous voulons : nous embarquer dans une guerre d'une nouvelle forme, avec ses affrontements imprévisibles, contre une armée invisible, ou engager nos moyens autrement, pour couper le vivier de guerriers à sa source ?

Certes, cela impliquerait d'investir des moyens colossaux dans ce qui, de prime abord, ne semble pas une priorité à l'heure de la crise, du chômage omniprésent et du manque d'argent. Certes, cela semble plus dur et plus long à accepter que de voter pour un parti politique extrémiste qui, avec ses discours simplificateurs, ne fait que dire ce que beaucoup ont envie d'entendre, sans réellement proposer de solutions (ou pire : d'en apporter) qui seraient, à terme, plus dévastatrices qu'autre chose.

Mais ne nous méprenons pas : se bunkériser, se surarmer, rejeter les différences, toutes ces stratégies de l'isolement ont déjà été employées à maintes reprises dans l'histoire des civilisations, et vous savez quoi ? Aucune n'a jamais survécu. Aucune.

Les plus grandes civilisations se sont toujours bâties sur le même modèle : en intégrant les différences. Ce qui nous différencie nous enrichit. Toujours. C'est un concept de base de la nature, et regardez ce qu'elle a accompli en partant de si peu, malgré tout ce qu'elle a affronté sur tout ce temps ! Faire des différences des autres un atout pour la communauté est la seule solution. Ne pas avoir peur de ce qui ne nous ressemble pas.

La peur est un organe de destruction.

Dans cette nouvelle ère qui a démarré symboliquement le 11 septembre 2001, il faut faire preuve de sagesse. Que les nations les plus puissantes, celles qui ont trusté les plus grandes richesses pendant si longtemps, et dont nous sommes les héritiers, que cela nous plaise ou pas, montrent l'exemple. À nous de commencer. C'est un sacrifice pour chacun. Ces investissements massifs, qu'il faut faire entre autres dans l'éducation et le social sur des secteurs ciblés, mais pas seulement, c'est autant d'argent qui ne sera pas investi ailleurs, pour vous et moi directement. Mais nous n'avons plus le choix. Ces sacrifices de notre vie quotidienne sont nécessaires si nous ne voulons pas que ce soit nos vies directement et celles de nos enfants qui soient sacrifiées.

Il faut accepter cela. Accepter de se priver d'une certaine manière, car les caisses de nos États ne sont pas extensibles, pour déjà vides qu'elles soient, et c'est cela le plus dur à venir.

Nous devons recentrer nos priorités, travailler au cœur de nos dysfonctionnements sociaux, investir massivement dans des secteurs qui ne sont pas porteurs électoralement parlant, combattre les peurs primaires, et tout cela ne se fera pas sans que nous soyons *nous* volontaires pour cela, en acceptant les sacrifices nécessaires. Il y avait déjà cette foutue crise qui nous traverse, qui nous maltraite, la mondialisation qui apporte certes beaucoup mais qui coûte si cher à nos emplois, maintenant, il y a le besoin impérieux de lutter à la source contre l'obscurantisme, celui-là même qui forme nos futurs terroristes. Cela fait beaucoup, c'est vrai, mais nous ne pouvons pas nous voiler la face.

L'heure est à la lucidité, et au choix.

Celui de l'intelligence. Le chemin le plus long, le plus dur au quotidien, mais le seul qui soit salutaire pour nos enfants.

Car l'affrontement direct, à long terme, n'est pas une solution durable. J'espère seulement qu'il ne nous faudra pas de nombreuses autres victimes pour l'accepter.

Au moment du deuil, la colère et la peur peuvent prédominer, mais il faut rapidement savoir les surmonter pour remettre un peu de raison là-dedans.

Début janvier 2015, la France a été touchée dans ses symboles les plus forts : ce territoire de liberté a vu ceux qui l'incarnaient se faire massacrer froidement. Nos bougies brûlent encore en leur mémoire, mais aussi en mémoire de toutes les victimes que ce terrorisme a faites de par le monde depuis plus de dix ans.

Ne soyons pas fous à notre tour.

L'Europe a été le berceau du siècle des Lumières.

Puissent ces bougies nous le rappeler et nous inspirer pour poursuivre le travail de nos ancêtres.

PHILIPPE CLAUDEL

JE SUIS CHARLIE, MAIS UN PEU TARD

Ce n'est pas mercredi 7 janvier 2015 qu'ont été tués Cabu, Wolinski, Charb, Tignous, Honoré, leurs confrères, collègues, ainsi que les policiers qui les protégeaient. En vérité, leur assassinat a pris du temps. Il a commencé en 2006 lorsque leur journal a décidé de publier les caricatures danoises de Mahomet ainsi que d'autres, originales, et que, face aux menaces auxquelles la rédaction a immédiatement été soumise, la presse et l'opinion françaises se sont divisées, beaucoup jugeant que l'hebdomadaire satirique était allé trop loin.

Je ne pense pas que ceux qui condamnaient le choix de *Charlie Hebdo* se soient doutés que l'issue, des années plus tard, allait être aussi brutale et tragique. Mais je suis intimement persuadé que le manque de solidarité à l'égard du journal est à voir comme une sorte de Munich de la pensée, entraînant davantage de violence et de barbarie qu'elle croyait pourtant, par une trop grande prudence et un reniement des valeurs de liberté d'expression, de création artistique et de laïcité qui sont parmi les piliers fondamentaux de notre société, empêcher.

Notre lâcheté d'alors s'est drapée, pour que nous puissions la rendre à nous-mêmes acceptable et continuer ainsi à nous regarder dans la glace sans rougir, dans la prose pâteuse du respect nécessaire à apporter à toute religion et croyance. C'était oublier la hiérarchie des valeurs qui fait que, dans une société démocratique et libre, le respect des religions ne doit pas s'exercer au détriment du respect premier qui est celui des opinions, du débat d'idées, de ceux qui les expriment et y participent, citoyens, intellectuels, artistes, hommes politiques.

Ne nous leurrons pas : c'est la peur qui a gouverné notre méfiance à nous engager alors aux côtés de l'équipe de *Charlie Hebdo*, pas autre chose. Et lorsque je dis s'engager, je ne dis pas approuver. Je dis simplement comprendre et permettre. Comprendre qu'un organe du rire et de la pensée ait le désir de tourner en ridicule un Dieu, une croyance, des fidèles. Et permettre, même si cela peut agacer, choquer, irriter, que les journalistes et artistes de sa rédaction puissent le faire sans en subir les conséquences dans leur travail pas plus que dans leur intégrité physique.

J'habite un pays où, à travers les siècles, une chaîne innombrable d'hommes et de femmes ont payé de leur vie le droit qui est le mien d'exposer publiquement ma pensée. À quel titre, aujourd'hui, au nom du respect de qui ou de quoi, devrais-je détruire progressivement, par des renoncements, des lâchetés, des compromissions, une nuque que je baisserais, un mot que je n'oserais plus dire ou écrire, un dessin que je ne tenterais même pas d'esquisser, ce bien inestimable, cet héritage séculaire de liberté et de tolérance dont je suis le miraculé dépositaire, mais aussi le gardien et le jardinier ? Car ce qu'on oublie trop, c'est que cet héritage est un corps vivant, et que, comme tout corps vivant, il réclame soins et nourriture, et que sa beauté et sa force ne doivent pas faire oublier sa fragilité perpétuelle. L'Histoire nous montre assez comment, sans y prendre vraiment garde, l'humanité glisse subitement de la lumière au chaos.

C'est ce chaos qu'illustrent, de façon marginale encore, les trois jeunes Français qui ont perpétré les actes atroces que l'ensemble de la population a vécus comme une tragédie tout à la fois nationale et intime. Balayons immédiatement les motivations qu'ils ont prétendu avoir été les leurs : ce n'est pas au nom d'Allah qu'ils ont agi. Jamais le Coran, jamais l'islam n'ont prôné la moindre action violente. Leurs actes sont simplement des actes de délinquance. Des actes criminels enveloppés malhabilement dans une bouillie verbale et idéologique qui ne doit aucunement faire oublier que ces hommes voulaient simplement effrayer, apeurer, provoquer une tragédie, manier des armes, tuer.

Leur parcours témoigne de leur nature. Leur radicalisation récente n'est qu'un des derniers visages d'une aventure tragique, d'une spirale de désarroi et de haine, de marginalisation, d'une fascination pour une cause confuse mais qui allait leur donner les moyens et le courage dément de passer à l'acte et de faire plonger un pays, le leur, dans une stupeur qui sans doute était aussi un peu la leur.

J'ai lu et entendu qu'ils étaient des *monstres.* Je ne suis pas d'accord. Leurs actes sont monstrueux, en ce sens qu'ils n'ont rien d'un comportement humainement acceptable. Mais ces actes ont été commis par des hommes, des hommes qui sont nés et ont grandi dans une société qui est la nôtre, que nous avons façonnée. En quelque sorte, ils sont nous, et nous sommes eux.

Ce propos choquera peut-être, et plus d'un lecteur ne se sentira, *a priori*, aucun point commun avec ces trois hommes. Mais qu'on pense alors tout simplement à une chose : leur nature profonde n'était pas différente de la nôtre. Leur langue était la nôtre. L'école qu'ils ont fréquentée était la nôtre. Leurs loisirs étaient les nôtres. Ils ont grandi sous des présidences que nous avons connues, entendu les mêmes discours politiques que ceux que nous avons entendus, regardé les mêmes émissions de télévision que celles que nous avons regardées, mangé les mêmes nourritures, grandi dans les mêmes quartiers que des millions d'entre nous, rêvé d'un même futur. C'est en ce sens qu'ils nous ressemblent et que nous sommes à leur image. Certes, leurs actes ultimes les distinguent de nous. Mais tout ce qui a précédé dans leur vie les rapproche de la nôtre. Il me semble qu'aujourd'hui, notre devoir est de réfléchir, de comprendre, à quel moment, et dans quelles circonstances, nos voies se sont à un moment séparées au point soudain d'avoir mis nos semblables face à nous, avec le désir de nous tuer, et l'occasion de le faire.

Si le grand élan d'émotion qui soulève notre pays doit avoir un sens et un avenir, ce sera dans l'interrogation constante du fait social. Afin que les manifestations d'émotion et de solidarité ne soient pas trop vite reléguées dans le digne placard des brèves poussées de fièvre compassionnelle et humaniste, mais que, au contraire, elles deviennent fécondes, il convient dès aujourd'hui, en mémoire des victimes, pour nous-mêmes et les générations futures, de repenser notre monde, de repenser la place de chacun en son sein, de repenser les douleurs et les marges, de repenser les rêves et les rejets, de repenser aux conditions les mieux à même qui permettront à chacun d'entre nous d'accéder à sa propre dignité, et de faire prospérer la parcelle précieuse d'humanité dont nous sommes les garants et les gardiens, et non de la détruire.

ANDRÉ COMTE-SPONVILLE

ÉCRASONS L'INFÂME

« C'étaient nos potes… » L'amie qui me dit ça ne connaissait personnellement aucun des collaborateurs de *Charlie Hebdo*. Moi non plus. Mais ils nous accompagnaient depuis si longtemps (depuis notre adolescence, s'agissant de Cabu et Wolinski), et si drôlement, qu'ils étaient devenus en effet comme des proches… C'est pourquoi le chagrin se mêle à l'horreur, non parfois sans une part de mauvaise conscience : n'aurions-nous pas pu, n'aurions-nous pas dû les soutenir davantage ? Je viens de m'abonner à *Charlie Hebdo*, comme des milliers d'entre nous. Que ne l'avons-nous fait plus tôt ?

Certains leur reprochaient stupidement d'être islamophobes. Le mot lui-même est piégé. Si l'on entend par là la haine ou le mépris des musulmans, ce n'est qu'une forme de racisme, aussi haïssable qu'elles le sont toutes. Et seul un imbécile pouvait en suspecter Wolinski, Cabu, Charb ou Tignous. En revanche, si l'on appelle « islamophobie » le refus de l'islam et la volonté de le combattre, ce n'est qu'une position idéologique, aussi acceptable que beaucoup d'autres. On a le droit d'être antifasciste, anticommuniste, antilibéral… Pourquoi n'aurait-on pas le droit d'être, au même sens, antichrétien (voyez Nietzsche) ou anti-islam ? Tel n'est pourtant pas l'enjeu principal, ni le combat que menait l'équipe de *Charlie*. Que la religion ne fût pas leur tasse de thé, cela se comprenait assez vite. Mais leur adversaire principal était ailleurs : non les religions en général, ni telle ou telle en particulier, mais le fanatisme, quel que soit le Dieu dont il se réclame.

Au fond, ils prolongeaient à leur manière le combat des Lumières, celui de Voltaire et Diderot. « Écrasons l'infâme », aimait à répéter le premier. L'infâme, pour lui, c'était le fanatisme, à l'époque surtout catholique. Que le fanatisme, aujourd'hui, soit plus souvent le fait de musulmans, ce n'est pas une raison pour cesser de le combattre, ni bien sûr pour haïr les millions de musulmans qui en sont, de par le monde, les premières victimes. Les adversaires ont changé ; le combat continue. Le mot d'ordre reste le même : Écrasons l'infâme.

Après l'horreur et le chagrin, quoi ? La volonté renforcée de continuer ce combat-là, qui fut celui des morts que nous pleurons, et qui est le nôtre. Être fidèle à *Charlie*, c'est le mener dans la joie et l'humour, plutôt que dans la tristesse et la haine. Ces salauds d'assassins ne nous empêcheront pas d'aimer la vie, la liberté, le rire. Le blasphème fait partie des droits de l'homme. L'humour, des vertus du citoyen.

(Texte publié dans *Libération* le 11 janvier 2015.)

GÉRARD DE CORTANZE

JE SUIS FRANCAIS D'ORIGINE ITALIENNE

La première pancarte rencontrée sur le chemin de la manifestation du 11 janvier portait cette triple inscription : « Je suis Charlie. Je suis policier. Je suis juif ». Tout le long du parcours, j'ai en rencontré beaucoup d'autres, porteuses du même message, reprenant cette même trinité dans le désordre. Je n'arborais aucune banderole. Si j'en avais exhibé une, nul doute qu'elle aurait été libellée ainsi : « Je ne suis pas Charlie. Je ne suis pas policier. Je ne suis pas juif. » Ma famille vient d'Anvers. Après un passage par Jérusalem au XIᵉ siècle, elle s'est installée en Italie où elle vécut, au service de la maison de Savoie jusqu'à l'aube du XXᵉ. Mon grand-père, Roberto Aventino Roero, marquis de Cortanze, comte de Calosso et seigneur de Crève-Cœur, perdit sa nationalité italienne dans les tranchées de Verdun. Lui, le Piémontais de Turin, qui voulait devenir français, le devint le jour où il échangea son âme contre un fusil et un casque. Il revint vivant, sans une blessure. Quinze mille de ses compatriotes entrés italiens dans la guerre n'en revinrent pas : ils étaient morts, mais morts français. Son fils, mon père, épousa ma mère, descendante directe du Napolitain Fra Diavolo. Mon grand-père maternel, ouvrier maçon, jouait de l'accordéon dans les bals du samedi soir. Je suis né de cette alliance improbable entre un aristocrate piémontais et une ouvrière napolitaine descendante d'un rebelle qui avait lutté contre les troupes de Napoléon alors qu'il envahissait le Royaume des Deux-Siciles. Mon grand-père paternel, mes deux tantes, ma mère, mon père, chacun à leur façon, luttèrent contre l'occupant nazi. Sans jamais en faire état, sans jamais s'en vanter, sans jamais vouloir en tirer aucun avantage, refusant passe-droit et décorations. Le mot d'ordre était : les vrais héros sont ceux qui sont morts. Le temps joue d'étranges tours. Je sais que ma famille fut anversoise avant l'an 1000, italienne un peu moins de neuf cents ans, française depuis moins de cent ans. *Que* suis-je ? Si je reprends la fameuse pancarte, je peux dire : je suis pour la liberté totale de la presse ; je suis pour l'ensemble des règles de police et de justice qui assurent à l'être humain un cadre de vie où s'épanouir ; je suis contre toutes les formes de stigmatisation et évidemment contre l'anti-sémitisme. Revenons à la manifestation du 11 janvier. Dans le métro qui m'emmenait place de la République, les rames étaient si pleines qu'à chaque nouvelle station les portes s'ouvraient, ne laissant monter aucun nouveau voyageur tandis qu'aucun ne descendait. Contre moi, une très vieille dame tentait de garder son équilibre. Son regard croisant le mien, elle finit par me dire que cela lui rappelait la guerre. « C'était pareil, nous étions serrés comme des sardines dans le métro ; oui, c'était pareil. » En somme, ce qui la frappait, ce n'est pas la puissance de ce rassemblement mais ce souvenir, ce souvenir du temps où elle était jeune fille et voyageait dans ce métro aux nombreuses stations fermées. La manifestation ter-minée, l'émotion redescendue, l'élan généreux rangé dans sa boîte, les larmes séchées, la communion éphé-mère rendormie, l'effusion éteinte, j'ai repensé à la ban-derole. Si j'avais dû en fabriquer une, j'aurais écrit sur la mienne : Je suis un Français d'origine italienne parmi d'autres Français d'origines diverses, ma langue est celle de la France et je la veux ouverte car une langue qui n'accepte pas d'apports extérieurs est comme une mer morte. De la diversité naît la belle unité nationale, celle qui fut la nôtre ce 11 janvier 2015.

DELPHINE COULIN

Si un dieu a peur d'un dessin, c'est qu'il est plus petit qu'un crayon – ou que les mots sont plus grands que lui.

CHARLES DANTZIG

QUELQUES NOTES SUR LE FANATISME D'APRÈS NATURE

Trouvé dans l'ordinateur d'un des purs combattants du djihad contre la décadence de l'Occident : de la propagande intégriste et de la pornographie. Depuis Ben Laden, dont la cache était bourrée de DVD pornos, nous savions que le rôle de Tartuffe devrait être donné à un suave islamiste à turban ou à capuche. « Cachez ce sein que je ne saurais voir », avec un accent saoudien ou de banlieue, ce serait vraiment scientifique.

Les assassins sont entrés, ont demandé qui était le rédacteur en chef et l'ont tué, puis ont tué les hommes les uns après les autres. Ils ont épargné une femme : « On ne tue pas les femmes. Tu liras le Coran. » Ils ont dû se croire chevaleresques, comme les mafieux parce qu'ils permettent à un homme qu'ils vont égorger après l'avoir sodomisé avec une batte de base-ball de téléphoner à sa famille. Et moyennant quoi, ils ont tué une autre femme. Une définition du fanatisme ne pourrait-elle pas être : la crétinerie jointe à la brutalité ?

« Les sots vont loin quelquefois, surtout quand le fanatisme se joint à l'ineptie, et à l'ineptie l'esprit de vengeance » (Voltaire, *Dictionnaire philosophique*).

Des collégiens musulmans ont refusé d'observer la minute de silence : « Pourquoi ont-ils insisté ? On les avait prévenus. » La France ne s'est pas créée pendant des centaines d'années au prix d'idées, de guerres, de révolutions, mais aussi de création, de gaieté, d'un art et d'une littérature qui sont parmi les premiers du monde, pour ne pas persuader les arrivants que c'est mieux que ce qu'ils proposent. Mieux, oui, il n'y a aucun complexe à trouver mieux Marcel Proust que les prêches de haine. Quand Londres a subi des attentats en 2005 (49 morts), la reine d'Angleterre a dit dans un discours : « Notre mode de vie est attaqué. » La religion est souvent un prétexte pour d'autres luttes. Une des premières causes de la haine, c'est ce qu'on appelle les « mœurs » (ce mot douteux). Certains ne supportent pas les femmes en jupe. Cela n'oblige pas à égorger autrui, peut-être ?

> Huit jours d'incapacité totale de travail (ITT) et le visage tuméfié. Un élève du lycée technique et professionnel Blaise-Pascal de Châteauroux (Indre) se souviendra longtemps de sa prise de position. Touché par l'attaque qui a visé *Charlie Hebdo* mercredi, l'adolescent de 15 ans a pris l'initiative d'écrire sur son compte Facebook des messages louant la tolérance et la laïcité. Mal lui en a pris, vendredi une dizaine d'élèves de son lycée l'attendaient dans le local à vélo, *rapporte « La Nouvelle République »* (lefigaro.fr, 12 janvier 2015).

L'hystérie de la ressemblance affecte tous les partis. Une des plus grandes stupidités de 2014 m'a semblé l'expulsion d'une femme voilée de l'Opéra Bastille. C'était au deuxième acte de *Traviata*, elle avait été repérée par des choristes, lesquels ont menacé de ne plus chanter. Des touristes du Golfe, selon l'AFP. Eh bien ? Ne devrait-on pas être content qu'un être humain d'une culture étrangère s'intéresse à la nôtre ? On va interdire les sikhs, les unijambistes, les borgnes ? Et les Qataris, qui possèdent un tiers de Paris, vont-ils chasser de leurs hôtels les clientes sans *niqab* ? De vengeance en vengeance, ira-t-on aux assassinats ? Voilà très exactement ce que je me demandais sur le moment. Cela s'est passé, dans l'autre sens. La passion de l'uniformité mène au meurtre. Ce qu'on appelle l'Occident a cessé d'assassiner pour l'uni-formisation religieuse depuis longtemps. On pourrait définir l'Occident : là où les défilés de mode ne sont pas organisés par le clergé. Où l'on ne feint pas de penser que le vêtement est preuve de la piété. Où on peint la Joconde et une moustache à la Joconde. Qui chasse le sacré des endroits où il ne doit pas être.

Les esprits religieux se plaignent de ce que l'on blas-phème la religion. Toute religion appelle le blasphème comme l'orage, la foudre. (De la même façon, l'athéisme militant entraîne des pamphlets religieux.) Les esprits religieux ne pourraient-ils pas concevoir qu'ils passent leur temps à offenser tous ceux qui n'ont pas le bonheur d'obéir à leur dogme, que ce soit les chiens de chrétiens, les divorcés dépravés ou les abominables agnostiques ? Ce qu'ont tendance à vouloir les religions, c'est injurier à leur aise ce qui n'est pas elles en déclarant sacré ce qu'elles sont. La modération y perd.

Certains non-musulmans, pensant à leur propre reli-gion, ont *compris* que les musulmans se soient sentis offensés par les caricatures de Mahomet dans *Charlie Hebdo*, disant qu'elles étaient plus vulgaires que Rabe-lais qui, que Voltaire que. Cela me paraît procéder d'une grande confusion. Ces caricatures ne sont ni Voltaire ni Rabelais. C'est *L'Assiette au beurre*, le journal satirique et anarchiste des années 1900. Et c'est ce que comprennent encore moins les musulmans *offensés*. Ces caricatures ne sont pas dangereuses. Elles sont l'expression d'une rage rieuse, populaire, intentionnellement grossière, des petits contre les grands. Tous les grands. Les dieux, les papes, les rois, les ministres, les riches. Ça ne leur a jamais fait grand mal, ils sont toujours là. Ces offenses contre tout le monde (et donc très égalitaires, au contraire des offenses d'un certain comique baveux qui n'attaque *que* les juifs, en y ajoutant accessoirement les gays) existent sans doute depuis toujours. Les chansonniers de Montmartre, c'était ça, les monômes d'étudiants, c'était ça, et dans les cabarets que fréquentait François Villon il y avait des chansonniers qui étaient ça. Lascaux est en France, je crois ? Je propose cette interprétation de ses dessins : une moquerie des riches qui chassaient à courre.

Éduquer est-il possible ? « Rien n'égale la puissance de surdité des fanatismes » (Victor Hugo, *William Shakespeare*). La surdité volontaire est multipliée quand des chefs d'États « laïques » font la propagande de la magie, comme le président turc Erdogan, officiellement fou depuis octobre 2014 où, à la conférence des dirigeants de l'islam en Amérique latine, il a déclaré que des marins musulmans avaient découvert l'Amérique, et non Christophe Colomb. La folie advient quand le locuteur est persuadé que sa croyance est une vérité cachée. Si des ignares exaltés viennent au secours de la magie enturbannée, on n'est pas près de rallumer la lumière.

La violence ne dure jamais aussi longtemps que la pensée.

FRÉDÉRIQUE DEGHELT

MÊME LES TERRORISTES ONT UNE MÈRE...

À qui pense-t-on d'abord quand des actes barbares sont commis dans un pays où la guerre ne se tient pas au bout de la rue ? Aux victimes, à leurs proches, et par extension à soi... À ce hasard tragique, merveilleux, sordide qui a permis qu'on ne soit pas là, à la place de celui qui vient de laisser sa vie au nom de la liberté d'expression. À ce violent malaise que cette sensation procure, aux larmes du chagrin, à la culpabilité d'être plus troublé par ces morts si proches que par les milliers de victimes à deux heures de chez nous. Si, ne soyons pas hypocrites, c'est une règle journalistique bien connue, les massacres géographiquement éloignés nous perturbent moins que deux ou trois morts dans notre ville, notre pays. Pourtant, une certaine souffrance est là. À des degrés divers selon sa sensibilité, son empathie, son fatalisme.

Il reste cependant un autre sentiment, plus trouble, plus diffus, peut-être moins avouable. Ce terroriste n'a pas toujours été ce prétendu combattant immonde au cerveau détrempé par le fanatisme. Il a été enfant, il a été élève, il a été bébé... Il a eu une mère.

La nuit qui a suivi le massacre de la rédaction de *Charlie Hebdo*, je ne pouvais détacher mon esprit des images que je n'avais pas vues, mais qu'il était parfaitement aisé de reconstituer. Je n'arrivais pas non plus à rassembler mes souvenirs de l'école avec des élèves de toutes origines et concevoir le fait que deux d'entre eux puisse devenir « ça ». Du reste, dès qu'on a annoncé qu'il s'agissait de deux frères, j'ai ardemment souhaité que leur mère soit déjà morte.

Je me représentais une femme timide et douce, respectueuse de sa religion qu'elle pratiquait discrètement pour ne pas déranger. Je la voyais fière que ses garçons soient nés sur le sol français, qu'ils parlent sans son accent à elle cette langue qu'elle pratiquait mal encore des années après son exil. Je l'imaginais à son arrivée, essayant de s'intégrer dans ce pays, sans nouvelles de ceux qu'elle avait laissés derrière elle, puis concentrée sur ses fils qui allaient avoir une vie meilleure, un travail, un autre niveau social au sein de la République française. Elle le croyait. N'était-elle pas venue pour ça ? Puis je la voyais inquiète à leur adolescence, quand elle les entendait maudire ceux qui les traitaient de *bougnouls*, les rejetaient à cause de leurs origines. Elle les exhortait à la patience, à l'effort, à la constance, en leur disant que ça passerait, qu'ils prouveraient des choses par leur travail. Elle se tenait droite, même quand ils l'envoyaient paître en lui disant qu'elle ne comprenait rien.

Alors oui, j'ai espéré que maintenant que l'effroyable massacre s'était produit, cette mère avait disparu et qu'elle ne vivrait pas ce cauchemar. Comment continuer à aimer le monstre qui est sorti de soi ? Comment continuer à vivre en se disant qu'on a forcément loupé quelque chose dans son éducation, dans ce qu'on lui a dit ou transmis, dans ce qu'on aurait oublié de faire peut-être ?

Et puis j'ai pensé à la mère nation, à ce pays dans lequel j'ai grandi, où je suis allée à l'école de la République, où dans les écoles de toute confession on parle de liberté, de fraternité, d'égalité. J'ai pensé à certains élèves qui n'ont pas le bagage familial, pas le cursus scolaire, pas la gueule qu'il faut et qui deviennent cependant ce qu'ils ont voulu être, des humains responsables et magnifiques. Ils se sont battus bien plus que d'autres pour accéder à leurs rêves, ils auraient pu devenir des assassins.

J'ai pensé que partout dans le monde libre, où qu'on soit, qui que l'on soit, mère, père ou nation, on peut couver en son sein l'ombre et le chaos.

NICOLAS DELESALLE

La sortie d'un premier bouquin après des mois d'attente... Ça devait être un jour de fête. C'est un cauchemar. L'insolence, l'espièglerie, l'intelligence, le courage, anéantis par la haine. Des copains, qui ont perdu tous leurs amis, traumatisés. L'innocence de nos enfants, envolée. La peur, partout. Que valent quelques pages de douceur dans cette tornade ? Elles ne valent rien, et nous sommes à terre. Nous sommes à terre, mais nous nous relèverons. La haine gagne des batailles. Elle perd toutes les guerres. *Charlie* se relèvera. On se relèvera. Nous traverserons ce merdier. Nous ne cesserons jamais d'écrire. Nous ne cesserons jamais d'aimer. Haut les plumes et les cœurs !

DENIS DIDEROT

[...] La permission tacite, me direz-vous, n'est-elle pas une infraction de la loi générale qui défend de rien publier sans approbation expresse et sans autorité ? – Cela se peut, mais l'intérêt de la société exige cette infraction, et vous vous y résoudrez parce que toute votre rigidité sur ce point n'empêchera point le mal que vous craignez, et qu'elle vous ôterait le moyen de compenser ce mal par un bien qui dépend de vous. – Quoi ! je permettrai l'impression, la distribution d'un ouvrage évidemment contraire à un culte national que je crois et que je respecte, et je consentirai le moins du monde qu'on insulte à celui que j'adore, en la présence duquel je baisse mon front tous les jours, qui me voit, qui m'entend, qui me jugera, qui me remettra sous les yeux cet ouvrage même ? – Oui, vous y consentirez ; eh ! ce Dieu a bien consenti qu'il se fît, qu'il s'imprimât, il est venu parmi les hommes et il s'est laissé crucifier pour les hommes. Moi qui regarde les mœurs comme le fondement le plus sûr, peut-être le seul, du bonheur d'un peuple, le garant le plus évident de sa durée, je souffrirai qu'on répande des principes qui les attaquent, qui les flétrissent ? – Vous le souffrirez. – J'abandonnerai à la discussion téméraire d'un fanatique, d'un enthousiaste, nos usages, nos lois, notre gouvernement, les objets de la terre les plus sacrés, la sécurité de mon souverain, le repos de mes concitoyens. – Cela est dur, j'en conviens, mais vous en viendrez là, oui, vous en viendrez là tôt ou tard, avec le regret de ne l'avoir pas osé plus tôt. – Il ne s'agit pas ici, monsieur, de ce qui serait le mieux, il n'est pas question de ce que nous désirons tous les deux, mais de ce que vous pouvez, et nous disons l'un et l'autre du plus profond de notre âme : « Périssent, périssent à jamais les ouvrages qui tendent à rendre l'homme abruti, furieux, pervers, corrompu, méchant ! » Mais pouvez-vous empêcher qu'on écrive ? – Non. – Eh bien ! vous ne pouvez pas plus empêcher qu'un écrit ne s'imprime et ne devienne en peu de temps aussi commun et beaucoup plus recherché, vendu, lu, que si vous l'aviez tacitement permis.

(Lettre sur le commerce de la librairie
ou *Mémoire sur la liberté de la presse*, posthume, 1781)

CATHERINE DUFOUR

LA UNE À LAQUELLE ON N'A PAS ÉCHAPPÉ
Allah ouakbar : loc. fam. Viande hachée.

Je me souviens : j'étais jeune, j'étais belle, je sentais bon le sable chaud, j'étais en colère, et *Charlie* a fait sa une sur le sang contaminé. J'ai acheté *Charlie*, et je ne l'ai plus lâché pendant des années.

Je me souviens des derniers articles de Renaud, et de ceux de Polac. Je me souviens de Luce Lapin essayant de sauver l'Arche de Noé en son entier. Je me souviens comment Oncle Bernard a fait mon alteréco éducation, m'expliquant en détail à quel point la Banque mondiale, le FMI et l'affligeant Trichet nous enflaient – et sans génie, et sans talent, et même sans la moindre discrétion. Du coup, j'avais antipotassé tous ses antimanuels d'économie. Je me souviens que *Charlie* a publié une de mes lettres et que j'étais très fière. Je me souviens comment *Charlie* a sauté sur le Vitrolles des Mégret, et que tous les lecteurs de *Charlie* sont descendus pour le concert de Noir Dez et Zebda au Sous-marin (Noir Dez, oui, je sais, mais c'était « avant »). Je me souviens que je m'étais payé les billets pour le concert mais du coup, je n'avais plus un sou pour me payer le train pour descendre à Vitrolles alors finalement, les billets, je les avais collés à mon mur. Je me souviens de Noir Dez chantant *Un jour en France* et que j'avais peint les paroles sur le capot de ma voiture : « Un autre jour en France, des prières pour l'audience et quelques fascisants autour de 15 %, CHARLIE DEFENDS-MOI ! » Je me souviens de Val écrivant (je cite de mémoire) : « Les différences culturelles sont précieuses pour le plaisir que leur découverte procure mais aucune ne vaut la mort d'un homme ni d'un chien », je me souviens que je lisais *Charlie* de la première à la dernière ligne inclusivement dans le métro et que je ratais régulièrement la foutue station, je me souviens d'avoir changé une couche sur la table du stand de *Charlie* au Salon du livre, je me souviens que j'avais trouvé les caricatures de Mahomet supernazes (sauf la judicieuse « *Stop ! We ran out of virgins* »), je me souviens du fameux : « Dès qu'on bouge un coude, ça fait le jeu du Front national. MAIS Y A JAMAIS RIEN QUI FAIT LE JEU DE LA GAUCHE ? » Je me souviens de tous les dessins que j'ai collés au mur en riant comme un sac à main (Ah ! La tabassette Debré) (mes murs étaient très décorés), et des albums de *Charlie*, « Charlie saute sur les sectes » (« Elle se fait appeler Esthercielle mais son vrai prénom, c'est Monique »), « Le tour de France du crime » (« Maman, elle est entrée à la clinique pour un fibrome. Mais le médecin lui a dit : "Vous avez un fibrome à deux pattes." En fait, elle était enceinte de Michel »). Je me souviens que face au FN, le dimanche sur les marchés, dans les manifs, dans les nuages de lacrymo, sur le pont du Carrousel, chaque soir d'élections désastreux et pendant toute la *semainus horribilis* d'entre deux tours en 2002, *Charlie* nous a fourni des mots, des images, des slogans, une sensation d'unité et la pêche. Je me souviens que j'ai trouvé mon chat gris dans les petites annonces de Charlie.

Je me souviens aussi que petit à petit, Siné m'a gonflée avec son homophobie et Val avec son ton péremptoire. Je ne me souviens pas quand j'ai arrêté d'acheter *Charlie*.

Demain, juré, je me réabonne. *Charlie*, défends-toi !

CLARA DUPONT-MONOD

QUELQUES LIGNES, PETITS CAILLOUX BLANCS SUR TON CHEMIN DE DÉPART

Tignous m'avait offert quelques dessins lorsque je travaillais au magazine *Marianne*. Je les ressors de leur pochette. Du rouge, du jaune, un trait souple, le gros visage de Nicolas Sarkozy assis sur une chaise à porteurs, la graphie dans la bulle qui parle de ma retraite future…

Je touche le dessin du bout du doigt, toute petite caresse pour un grand adieu. Et je me demande – car il ne nous reste que des questions : quelle est cette sidérante violence qui a changé un dessin en relique ?

JEAN-PAUL ENTHOVEN

JE ME SOUVIENS…

Je me souviens que ce 11 janvier était, aussi, le jour de mon anniversaire. Un ou deux millions d'amis, avertis de mon narcissisme capricornien, s'étaient réunis place de la République afin de me fêter en grande pompe.

Pour m'accueillir, des hymnes joyeux, des chefs d'État, la houle des visages, des Charlie multicolores. Mon *Birthday cake* joliment rectangulaire grouillait comme une ruche. Avec, en son centre, une seule bougie de bronze.

C'était donc l'An I de quelque chose.

Je me souviens que, ce jour-là, des vers d'Aragon me zébraient la tête :

> *C'était un temps déraisonnable*
> *On avait mis les morts à table*

Les morts de ce jour-là ? Anars, juifs, mahométans, flics. Une « Affiche rouge » actualisée. Et le déjà stalinien Aragon, le tout de même génial Aragon, en rajoutait dans la colère :

> *Tout changeait de pôle et d'épaule*
> *Moi si j'y tenais mal mon rôle*
> *C'était de n'y comprendre rien*

On avait tout changé, oui, dans ma France meurtrie. Et, moi non plus, je n'y comprenais rien.

Je me souviens que, peu de temps avant ce jour mémorable, j'avais lu le roman d'un certain MH, qui passait alors pour le produit le plus élaboré de l'intelligence nationale. Cela s'appelait *Soumission*. Et l'auteur, réputé pour son look *destroy*, y annonçait que le mâle français avait déjà envie de psalmodier des sourates en escomptant quelque profit sexuel de la polygamie à venir. À en croire cet écrivain – qui, il est vrai, devait une bonne part de sa notoriété à ses yeux de lit défait –, il semblait acquis que, d'ici peu, on adorerait s'allonger, *se soumettre*, se coucher.

Autour de moi, pourtant, un ou deux millions d'hommes et de femmes se tenaient debout. Guère soumis. MH aurait-il trop hâtivement théorisé selon sa physiologie ? Trouvait-il quelque jouissance à se prosterner devant un(e) maître(sse) ? Était-il masochiste ? Pervers ? Extra lucide ? Aveugle ?

Aux dernières nouvelles, on signale qu'il a interrompu sa campagne de promo. Son agent a cru devoir préciser : « MH s'est mis au vert, à la montagne ».

Là encore, c'était le style MH : avec lui la France se couche quand elle est debout, et la neige a la couleur de l'herbe.

Je me souviens des jours d'avant ces tueries, et des jours d'avant les jours d'avant – qui étaient âpres, glauques, déjà sanglants. Des jours de petite Lutte Finale. Des jours de haines ordinaires, de micro Armageddon. Le Bien contre le Mal, etc.

Certes, rien n'a vraiment changé avec le massacre des Charlie – mais, dès ce 11 janvier, soudain, quelque chose s'est mis à bouger. Et « les mornes matins en étaient différents ».

— Tiens, tu cites encore Aragon ?

Chez moi, c'est mécanique. Quasi pavlovien. Dès que se pointe une grande circonstance, le stalino-génial s'impose. En attendant, je bois l'illusion. Je crois au *Risorgimento*. J'achète l'enthousiasme peut-être bref.

— Tu prends des risques…

— Ai-je le choix ?

— Et si c'était une simple gonflette avant crevaison ?

— On verra bien…

Je me souviens de Bernard Maris, *alias* Oncle Bernard, le seul Charlie officiel assassiné que je connaissais un peu. Un gentleman, ce Bernard. Un prof devenu grand-bourgeois. Un riche en pétard avec les banquiers. Un antilibéral toulousain, veuf, cosmopolite. Un gentil – quoique bizarrement ami avec MH-le-Soumis auquel il avait consacré un livre et son dernier article. Peu de temps avant de mourir, cet homme exquis nous avait remis, chez Grasset, le manuscrit de son prochain livre. Ça s'appelait (ça s'appellera) : *Et si on aimait la France*…

Je me souviens qu'il y a un Charlie dans *À la recherche du temps perdu*. C'est le prénom de Morel, l'amant violoniste du baron de Charlus. Ce Charlie est une canaille, un tapin, un lâche. Rien à voir, pour le moins, avec les Charlie du 11 janvier. Quant au « charlisme » dont parle mon cher Marcel, ce n'est qu'une allusion pudique aux mœurs dudit Charlus.

Combien d'amis, piétinant mon gâteau d'anniversaire, place de la République, ont-ils pensé, ce jour-là, à Proust, à Charlie Morel, au baron de Charlus ?

Mais j'aime bien, moi, que tout se mélange. Il y a sans cesse, dans ma tête, des courts-circuits incongrus. Et des passages secrets. En les empruntant, je m'égare par plai-sir. Et je me lave le cœur. Et je reste en contact avec le meilleur – lors même qu'il s'agit de faire face au pire.

Je me souviens que, ce jour-là, je me suis demandé à quoi ça devait ressembler, le dernier jour d'un homme qui ne sait pas que la mort l'attend ?

Dernier rêve, dernier réveil, dernier café, dernière douche, dernier baiser, dernière course heureuse dans l'escalier ou dans la rue, dernier bonjour aux amis atta-blés, dernière cigarette, dernier mot – et la mort qui fou-droie.

Ce qui est terrible avec les dernières fois, c'est qu'elles ne se signalent pas. Personne ne sait quand il fait l'amour pour la dernière fois. Personne ne sait qu'il voit la tour Eiffel pour la dernière fois.

Truffaut pensait que le cinéma est supérieur à la vie précisément parce qu'au cinéma, au moins, il y a la musique – qui annonce ce qui va advenir. S'il y avait eu une bande-son pendant les dernières heures des Charlie, une bande-son bien angoissante, pulsée, haletée, genre hitchcockienne, peut-être auraient-ils compris qu'ils feraient mieux de ne pas sortir ce jour-là.

Je me souviens d'une Nuit des *Mille et Une Nuits* : un jeune vizir est effrayé car il vient de croiser la Mort dans le bazar de Tachkent. Il s'enfuit aussitôt à Samarcande, tandis que la Mort ricane… Et quand on lui demande, à cette Mort : « Pourquoi ricanes-tu, ô Mort ? » elle répond : « Ah, je ne voulais pas effrayer ce jeune vizir… J'étais juste surprise de le rencontrer dans le bazar de Tachkent puisque je l'attendais ce soir à Samarcande. »

Je me souviens que, ce 11 janvier, je me suis juré de ne plus prendre à la légère – je veux dire : en *démocrate* – les tueurs d'anars, de juifs, de mahométans, de flics. Maintenant, je vais apprendre à leur donner des grands coups de talon dans la gueule. Car il y a un moment, dans l'histoire des hommes, où ça revient toujours à haine contre haine, viande contre viande, mots contre mots. Plus de quartier ! Ni sur le papier, ni dans les quartiers. Tu veux la baston ? Allez, on y va !

Étais-je déjà entré dans un Hyper Cacher ? Non. Non. Je ne sais même pas à quoi ça sert. Ni pourquoi le Dieu des juifs adore le pain bio et la viande des Grisons. Je me souviens cependant que j'ai pensé : ne pas oublier d'entrer dans tous les Hyper Cacher que je verrai, ici ou là, dans le monde. Parfois, j'en aperçois quand je traverse Miami, Madrid, Chicago, Bruxelles ou Los Angeles. Je ne sais pas ce qu'on y vend. Mais j'achèterai.

J'ai repensé à MH-le-Soumis : dans les années 1930, son roman ne se serait-il pas appelé *Collaboration* ? Dans les années 1870 : *Colonisation* ? Au xve siècle : *Inquisition* ? C'est étrange, ces écrivains qui ne peuvent s'empêcher d'entendre la fin d'un monde cogner à la porte de leur cabinet de travail. Savent-ils, ces nombrileux, que la fin du monde joue sa partie avec plus de subtilité ? Et souvent sans eux ? Un écrivain, ça doit d'abord se soucier de produire de la beauté et de l'intelligence – pas d'anticiper. Tu anticipes, tu te trompes. Surtout si tu anticipes *avec mauvais esprit*.

Je me souviens qu'après ce mémorable anniversaire, de retour chez moi, j'ai regardé la télé *ad nauseam*, puis j'ai lu, et lu encore, jusque tard dans la nuit, afin de me désinfecter des mauvaises pensées et des bruits du monde méchant.

Mon miel de ce soir-là : les poèmes de Vigny, puisque j'adore la grandiloquence stoïcienne. Quelques lettres de Flaubert où il donne de bons conseils pour pister l'universelle bêtise. Et, comme d'habitude, un autre livre, que j'ai déjà dû lire dix fois, et où je trouve ces lignes :

> Un jour viendra, tôt ou tard, j'en ai la ferme espérance, où la France verra de nouveau s'épanouir, sur son vieux sol béni déjà de tant de moissons, la liberté de pensée et de jugement. Alors les dossiers cachés s'ouvriront ; les brumes […] se lèveront peu à peu ; et, peut-être…

Tout lecteur ayant envie de connaître la suite se reportera à un ouvrage qui est le contraire de *Soumission*, et qui s'intitule *L'Étrange Défaite*. Son auteur, Marc Bloch, l'écrivit au plus noir des années noires, quelques années avant d'être fusillé, et sans savoir si ses mots nous parviendraient un jour.

Il voulait comprendre pourquoi son pays s'était, si vite, décomposé.

Et pourquoi il croyait, malgré tout, en sa renaissance.

Ce livre, tous les Charlie doivent le lire.

C'est leur histoire – et la nôtre.

NICOLAS D'ESTIENNE D'ORVES

LA POLITESSE DU DÉSESPOIR

Je suis moins *Charlie* qu'*Hara-Kiri*, moins Wolinski que Reiser, moins Charb que Choron. Le « nouveau » *Charlie Hebdo* est un journal trop politisé pour moi. Il y avait dans la bande primitive un côté potache, anar et antitout que n'ont jamais vraiment retrouvé leurs héritiers, trop « sérieux » à mon goût. Reste qu'ils défendaient, comme Gripari, un *devoir de blasphème* qui me tient tant à cœur. Reste qu'ils faisaient tous partie de la noble famille du rire assassin. Un rire terrible, un rire qui tronçonne, un rire qui canarde. Et c'est ce rire qu'on a canardé.

Il semble inimaginable qu'en 2015 on puisse tirer à bout portant sur un octogénaire armé d'un carton à dessins. Pour peu, ça fleurait le canular. La bande à Charlie en aurait été bien capable. Si seulement.

Peste soit des débats posthumes sur la laïcité et toutes les récupérations partisanes que ce massacre a engendrées, accouchant d'une légitime mais fugace vague de consensus compassionnel. Cabu, Wolinski, Charb et les autres ne sont ni des héros, ni des martyrs, ni des soldats morts au champ d'honneur : ils sont des victimes. Des victimes de leur art. Car ce ne sont pas des journalistes qu'on a tués, mais des artistes, des créateurs. Et ce n'est pas la presse qu'on a visée, c'est l'insolence, c'est la provocation, c'est l'iconoclasme, c'est le fabuleux pouvoir du rire. On n'a pas mitraillé une opinion, on a pilonné un *esprit* : cet *esprit français*, qui réunit dans une même généalogie Rabelais, La Fontaine, Voltaire, Offenbach, Daumier,

Jarry, Tristan Bernard, Daudet, Fourest, Cami, Flers et Caillavet, Guitry, Aymé, Dac, Blanche, Georgius, Goscinny, Gotlib, Mocky, Ylipe, Topor… la liste est infinie.

Nous voici brutalement aux temps médiévaux du *Nom de la rose*, lorsqu'un vieux moine fanatique tue ses camarades de cloître qui osent dire que le Christ était gai. Comme si le rire était le premier pas vers un abîme inimaginable aux yeux de ces imprécateurs : celui de la lucidité. Las, nos cinglés du croissant ne valent pas mieux. Ils veulent éteindre toute lumière, pour mieux camper dans cette morne nuit de la bêtise qu'on nomme le premier degré.

Emmurés dans la forteresse de leur inculture, ces abrutis sont sans mémoire. Jamais ils ne sauront, avec Chris Marker, que « l'humour est la politesse du désespoir ». Pour eux, la politesse pue encore l'*esprit français*. Les cons…

DOMINIQUE FERNANDEZ

UN CRÊPE NOIR AU BRAS DE DAVID

Le 7 janvier 2015 a retenti comme un coup de tonnerre dans le ciel italien. Cet événement à peine connu a réveillé chez ce peuple le souvenir des années sombres où les Brigades rouges assassinaient. Les journalistes étaient leurs victimes désignées, la liberté de la presse, leur cible favorite. Lorsque l'homme d'État Aldo Moro fut enlevé à Rome en pleine rue, les cinq policiers de son escorte furent tués. Lui-même fut ensuite assassiné. Il y a quelque quarante ans de cela, mais l'horreur de cette tragédie ne s'est pas effacée des mémoires. Dès le 7 janvier 2015, la volonté d'insurrection contre le terrorisme et les témoignages de sympathie pour la France se sont manifestés dans toutes les villes d'Italie. Mais il y en a une où ces marques ont pris un tour particulièrement émouvant.

Tout le monde sait qu'à Florence, sur la place centrale, devant le Palazzo Vecchio qui fut jadis le siège de la République florentine, se dresse ce qui est peut-être la statue la plus célèbre du monde, l'immortel *David* sculpté par Michel-Ange dans un seul bloc de marbre. Nue, blanche, haute de quatre mètres, la gigantesque statue domine de son altière prestance et de son regard impérieux la cité couchée à ses pieds. Ce qu'on sait moins, c'est pourquoi Michel-Ange a choisi ce personnage, et pourquoi les autorités municipales ont fait dresser cette statue, là, au cœur de la ville, dès l'année 1504.

David est ce jeune berger adolescent, armé d'une seule fronde, qui est venu à bout par son courage et sa détermination du géant Goliath, champion des Philistins et homme de guerre redouté. Pour les Florentins, très attachés à leurs libertés politiques, ce personnage biblique, promu patron de leur ville, incarne les vertus nécessaires au maintien de ces libertés, la force morale, l'intrépidité devant l'ennemi, le sang-froid, la bravoure physique. Michel-Ange, en campant le héros fermement sur une jambe et en le faisant regarder fièrement devant lui, a fait du faisceau de ces vertus un chef-d'œuvre de l'art.

Le 8 janvier au matin, en passant par la place du Palazzo Vecchio, j'ai découvert que les Florentins avaient choisi le *David* pour exprimer leur révolte contre l'attentat de *Charlie Hebdo*, leur affection pour la France et leur dévotion à la liberté. Le bras droit de la statue portait un brassard de deuil. Le ruban noir du crêpe tranchait avec un éclat funèbre sur la blanche nudité du colosse. Sur le socle, on avait drapé un drapeau tricolore. La foule était dense. Qui acclamait, qui pleurait, qui ébauchait une *Marseillaise*. Je ne crois pas que dans le monde entier il y ait eu un symbole plus fort de colère, de solidarité, de compassion. David au brassard noir, c'était la République et les valeurs républicaines en deuil. En même temps, par la fierté de la pose et la hauteur du regard, c'était la volonté de ne pas céder aux forces des ténèbres et de la mort.

À ce moment-là ne s'était pas encore produite la tuerie de l'épicerie cacher. On ne savait pas que quatre Juifs seraient froidement abattus pour la seule raison qu'ils étaient des Juifs. Or, par une coïncidence qui ajoute après coup un symbole au symbole, David était un Juif, dont l'exploit est raconté dans l'Ancien Testament, au premier livre de Samuel (chapitre XVII). La statue de Michel-Ange se trouve donc avoir incarné sur une des plus belles places du monde à la fois l'amour des libertés civiques et l'attachement au peuple juif. Jamais plus on ne pourra regarder cette statue d'un œil purement esthétique, sans se rappeler quel rôle elle a tenu dans la protestation indignée du monde libre contre les divers actes de barbarie.

CAROLINE FOUREST

MES CAMARADES

Mes camarades (je sais que Charb aurait aimé ce début),

J'ai aussi pensé à *Allahou Akbar*. Charb saluait souvent ainsi, mais ça pourrait brouiller le message…

Mes camarades, donc, je ne sais pas ce que vous avez trouvé de votre côté, mais vous ne pouvez pas imaginer ce qu'on vit ici depuis que vous êtes partis.

Bon d'abord, y a une mauvaise nouvelle… : ils n'ont pas arrêté de prier. Les prêtres, les rabbins, les imams. Même Christine Boutin a prié pour votre âme !

Notre-Dame a sonné les cloches.

Ils l'ont fait de leur plein gré. Sans même que des filles seins nus soient rentrées. Wolinski va être déçu.

Mieux. La revue *Études* des jésuites a publié vos caricatures sur l'Église. Si, si… Même celle où Benoît XVI part se marier avec un garde suisse. Même celle où le pape François se balade avec une plume dans les fesses à Rio. Je peux pas vous dire l'effet que ça fait dans une revue jésuite… C'est tellement chic.

Mais c'est pas tout. *L'Équipe* vous a rendu hommage en couverture. Poutine a envoyé un faire-part. Et Arnold Schwarzenegger s'est abonné. Je ne sais pas comment vous allez l'annoncer à Cabu…

Ah ! Et puis il faut prévenir Tignous. Ses patrons bedonnants qui fument le cigare savent désormais qui est Charlie. Ils ont projeté « Je suis Charlie » en immense sur *Times Square*, juste au-dessus du cours du Nasdaq. Ils ont dû croire que c'était le nom d'un placement pour fonds de pension. L'ami Maris, Oncle B., n'était pas là pour leur expliquer.

Bon, par contre, aucun grand journal américain n'a eu les couilles de montrer vos dessins sur Mahomet. Il a fallu profiter d'un direct sur CNN pour s'en charger !

Pour le reste, dans le monde entier, on est en train d'apprendre qui est *Charlie*, ce qu'est le droit au blasphème et la laïcité.

Le drapeau noir et blanc de l'État islamique est totalement submergé… par un drapeau noir et blanc « Je suis Charlie ».

Son hashtag cartonne. Vos *haters* habituels commencent presque à nous manquer.

Bon je vous rassure, les petits cons habituels sont tétanisés mais bougent encore. Je dis « cons » parce que, grâce à vous, je peux dire tous les gros mots qu'on n'a pas le droit de dire d'habitude. Et je dis petits… Parce que depuis votre mort, ils paraissent tout petits.

Les professionnels du procès en « islamophobie », ceux qui trouvaient que vous mettiez de l'huile sur le feu, que vous incitiez à la haine… Contrairement aux djihadistes !

Dans quelques jours, ils nous diront à nouveau que le danger était imaginaire. Pour l'instant, ils se baladent dans les rues du débat public avec des gilets tellement ils ont les foies de prendre une balle perdue. Tragique.

Il y a ce petit con qui exige de cette petite conne de se désolidariser en tant que « musulmane », alors que c'est bien parce qu'elle est conne et non musulmane qu'elle a vous a craché dessus depuis tant d'années.

Il y a le plus triste. Ces ordures qui attaquent et taguent des mosquées parce que, comme les ordures qui attaquent *Charlie*, ils n'ont aucun talent pour dessiner ou argumenter.

Il a les habituels crétins complotistes. Ceux qui se demandent pourquoi les rétroviseurs de la voiture de vos assassins deviennent gris avec le reflet sur certaines photos. Ce serait la preuve d'un faux attentat islamiste… Que certains pensent avoir été fomenté pour faire baisser le FN… Faut vraiment être sacrément crétin pour y avoir pensé.

Pour le reste, il y a une belle nouvelle. La récupération du FN a bien foiré. Après avoir trépigné pour se faire passer pour la martyre de la République deux jours après qu'on vous a criblés de balles, Madame Le Pen a dû se résigner. La France de *Charlie* n'est pas la sienne. Charles Martel n'est pas Charlie. Et comme toujours, c'est papa qui le mieux assumé. En vous traitant de « charlots ayant causé la décadence de la France » le jour où toute la France se levait pour rendre hommage à Charlot. De vous à moi, je crois qu'ils ont fait la boulette politique de leur vie.

Cette marche, c'était fou. On n'avait pas communié comme ça depuis la Libération.

Pour la première fois, la police et les organisateurs sont d'accord sur les chiffres… Tellement énormes qu'on ne peut même pas compter. On a explosé le faux compteur à ressorts de La Manif pour tous. Trois millions, 4 millions, on ne sait plus. À Paris, sur les trottoirs, aux fenêtres, des Français de toutes les couleurs criaient « Charlie, Charlie », « Restez debout », « On n'a pas peur ».

Dans le cortège officiel, des dirigeants d'une soixantaine de pays.

Énorme, presque trop. En tout cas, le Premier islamiste ministre turc, ça c'est sûr, c'était en trop. On l'au-rait bien échangé contre le caricaturiste qui risque neuf ans de prison pour avoir moqué Erdogan.

Et puis, il y avait le ministre des Affaires étrangères russe, ça aussi, c'était comique. Le représentant d'un pays qui envahit régulièrement l'Ukraine en criant à l'ingé-rence ne peut pas totalement être dépourvu d'un certain sens de l'humour.

Mais sinon, Abbas et Netanyahu dans la même marche, quand même, ça avait de la gueule. Un peu côté Plantu, je sais, mais quand même, ça avait de la gueule…

À Londres, à New York, en Mongolie, partout, on a crié : « Je suis Charlie ».

« Je suis Charlie ». Écrit sur les murs du monde entier.

C'est le Mahomet de Cabu qui avait raison. Qu'est-ce qu'ils sont « cons » ces intégristes. Ils voulaient vous faire taire. Ils ont abonné le monde à *Charlie Hebdo*.

Vous êtes des héros, les mecs. Je sais ça, c'est tard, ça vous gonfle, mais on se sent moins seul. Et puis ça, pour le coup… Vous l'avez bien cherché.

(Chronique diffusée sur France Culture le 12 janvier 2015.)

JEAN-LOUIS FOURNIER

EST-CE QU'ON PEUT RIRE DE TOUT ?
OUI, MAIS AVEC UN GILET PARE-BALLE

On a le droit de ne pas apprécier *Charlie Hebdo*, on a le droit de trouver son humour graveleux, scato, vulgaire. Il l'est parfois.

Ses dessinateurs n'ont pas tous la force de Reiser.

Mais surtout, surtout, ne reprochons pas à ses auteurs d'avoir été trop loin. Un humoriste va toujours trop loin, comme les caricaturistes, il exagère, c'est son métier. Il se moque, il est de mauvaise foi, il ne respecte rien, il utilise l'outrance et le rire, pour dénoncer.

Ne reprochons pas aux provocateurs de provoquer.

L'humoriste est indispensable à la société. Il préserve le précieux sens critique, qui complique la vie de ceux qui ont le pouvoir et les empêche de faire n'importe quoi.

Il n'y a pas d'humoriste dans les dictatures. Les dictateurs ont peur des humoristes, ils savent que le ridicule peut tuer. Regardez Hitler vociférant et le petit Mussolini sur ses ergots. Ils n'ont pas eu besoin de gagman pour faire rire, ils sont des gags sur pattes.

Dimanche 11 janvier place de la République : bouleversante et surprenante humanité.

Aujourd'hui, je suis fier d'en faire partie, aujourd'hui je n'ai pas honte de ressembler à mes semblables. Et j'apprécie la chance que j'ai de vivre dans un pays où la liberté est sacrée.

Un jour il y a un mec, je crois que c'était un étranger, il a dit : « Aimez-vous les uns les autres. »

C'était peut-être pas si con…

PHILIPPE GRIMBERT

Quand ils surent, face à un ciel vide, qu'aucun dieu ne les féliciterait d'avoir vengé son prophète, ils ne pouvaient plus savoir.

Quand ils surent que leur raison de vivre : semer la mort et la terreur, n'obéissait aux desseins d'aucun dieu chimérique mais seulement à ceux de prédicateurs sanguinaires, ils ne pouvaient plus savoir.

Et quand ils surent que le seul dieu auquel ils se soumettaient ne s'appelait pas Allah mais Thanatos, qu'il siégeait non pas sur un trône de nuages mais au plus profond d'eux-mêmes et qu'aucune des cent vierges promises par son frère Éros ne les attendait au paradis, ils ne pouvaient plus savoir.

Quand enfin ils le surent, après l'assaut final, hélas ! ils ne pouvaient plus savoir.

OLIVIER GUEZ

DE LA FARCE

Ode au clown et au bouffon. Le rire contre la vulgarité, les puissants, la bêtise, le fanatisme, l'obstination, les tartuffes, l'apathie, les institutions, les codes. Contre les dogmes. La facétie contre le grand cirque, une mascarade de la mascarade, la blague et la caricature contre l'esprit de sérieux.

La farce, vertu française, tradition européenne. L'Europe a commis pas mal de saloperies mais peut se vanter d'avoir inventé l'humour, la grande invention des temps modernes avec Cervantes. La gaieté de Rabelais. L'espièglerie de Molière. L'insolence de Sterne et de Diderot. Le sourire mélancolique de Gogol et l'impertinence du soldat Chvéïk. Desproges, De Funès, Coluche. Le panthéon de l'humour européen, ses littérateurs, ses cabarétistes, ses chansonniers, ses comédiens, ses dessinateurs, ses acteurs, depuis des siècles, le panthéon est vaste. L'ironie irrite l'imbécile. « L'ironie le prive des certitudes en lui dévoilant le monde comme ambiguïté », écrit Milan Kundera. Elle l'empêche de tourner en rond.

Staline disait qu'un pays heureux n'a pas besoin d'humour. Sous Hitler, à partir de 1935, une blague envoyait son auteur trois mois à Dachau. Le comique risquait la déportation en camp de concentration : la peine de mort. Rire et résistance. Les dictateurs et les dogmatiques n'ont jamais toléré le sourire du sceptique et la dérision du farceur.

Ionesco a écrit qu'il y a peu de choses qui séparent l'horrible du comique. *Charlie* l'a payé de son sang. Cabu, Charb, Tignous, Honoré, Maris, Wolinski ont été assassinés, le crayon à la main. Plus fort que le glaive est leur esprit.

RENÉ GUITTON

Au lendemain de notre tragédie nationale, et par-delà les douleurs éprouvées à divers degrés et les hommages que nous devions absolument rendre à toutes les victimes, il convient d'avoir un regard lucide sur les motivations des adeptes de la barbarie, et sur les amalgames. Dans l'Église primitive, les néophytes n'étaient pas les moins ardents à vouloir défier les autorités et à s'exposer au martyre. De même, aujourd'hui, les convertis de fraîche date à l'islam doivent en faire bien davantage que les musulmans de naissance. Certains veulent quitter leurs racines françaises et chrétiennes au profit du Coran, comme ceux qui allaient jadis au stalinisme, pour trouver un absolu contrastant avec la perversion des valeurs dans lesquelles ils étaient prétendument mal éduqués. D'autres sont musulmans d'origine, traversent une crise identitaire comme on vit celle de l'adolescence, deviennent des *born again* qui confondent l'Histoire avec ces histoires qu'on leur raconte, avec les prêches enragés de certains téléprédicateurs du Golfe, ou les images fallacieuses et prometteuses diffusées par les réseaux sociaux. Ils croient retrouver ainsi l'arabité originelle perdue par leurs pères. Illusion tragique ! Pour les dirigeants lointains de ces barbaries, ils sont moins des frères, des co-Arabes, que des supplétifs de lointaine souche maghrébine, considérés par leurs nouveaux maîtres comme des Arabes et des musulmans de seconde zone, à qui il reste à faire la preuve de leur attachement indéfectible au djihad. Qu'ils soient postadolescents, au chômage, victimes d'une société malade qu'ils jugent pervertie, ou en quête de leurs origines profondes, ils rejoignent la horde combattante avec l'obligation du zèle, et la conviction qu'on s'arabise et s'islamise plus et mieux en massacrant l'infidèle, le blasphémateur ou le Juif. Et ces croyants de seconde zone sont envoyés en première ligne, là-bas ou ici, pour économiser le sang des « vrais musulmans » de Daesh, Al-Qaïda, et autres sectaires.

Cela nous renvoie aux mots, ces armes au pouvoir parfois pervers. Que ne dit-on et écrit-on de « l'islamisme », systématiquement associé à un concept religieux cruel et impérialiste, que d'aucuns utilisent abusivement pour stigmatiser l'ensemble de ceux et de celles qui adhèrent à la troisième religion monothéiste, chronologiquement parlant. Il ne viendrait à quiconque l'idée d'interpréter le suffixe « -isme » du judaïsme ou du christianisme comme porteur d'un potentiel de violence. Gardons-nous de négliger ces subtilités sémantiques. À force de laisser confondre islam et islamisme, nous faisons la part belle à ces terroristes musulmans qui diffusent un message non susceptible d'évolution, associé à l'idée d'un expansionnisme violent et planétaire. Nommons les choses par leur nom : ceux-là ne peuvent être qualifiés d'islamistes mais de djihadistes, de ceux qui outrepassent le djihad intérieur, celui noble du cœur et de l'élévation, au profit de celui des armes.

CLAUDE HALMOS

CONTRE LES KALACHNIKOVS : L'ÉCOLE

Le mercredi 7 janvier 2015, un gouffre s'est ouvert devant nous, pour se rouvrir à nouveau le 8, puis le 9 janvier.

Ce gouffre, c'est bien sûr celui de l'horreur de la mise à mort des journalistes de *Charlie Hebdo*, de la jeune policière de Montrouge et des victimes de l'Hyper Cacher. Une mort donnée avec des armes de guerre, dans un pays en paix, à des hommes et des femmes qui, pour les uns, écrivaient, dessinaient ou accomplissaient leur tâche de surveillance et, pour les autres, faisaient simplement, comme tous les vendredis, leurs courses.

Par trois fois, des scènes qui semblaient sorties d'une fiction ont surgi dans la banalité du quotidien. Si inimaginables, si impensables que l'on ne parvenait pas à réaliser qu'elles étaient vraies.

Confrontés à cet impensable, nous sommes restés déboussolés, sans voix, errant dans les ruines de ce qui avait été jusque-là notre vie. Une vie de citoyens (relativement) préservés pour qui une telle violence ne pouvait que se passer très loin, ailleurs…

Mais, à côté de ce premier gouffre, un autre s'est ouvert : celui de l'absence de paroles, de l'impossibilité de penser, de réfléchir, de parler. Impossibilité qui était celle de ces terroristes mais qui est aussi celle de beaucoup d'autres. De beaucoup d'autres qui, bien que nés en France et ayant fréquenté les écoles françaises, ne peuvent, pas plus que ces terroristes, comprendre que l'on puisse, sans pour autant attaquer des personnes (en l'occurrence des croyants), s'en prendre à leurs croyances, qu'il s'agit là d'un débat d'idées. Et qu'il n'est dès lors nul besoin de tuer ceux dont les idées nous déplaisent puisqu'il est possible de leur opposer d'autres idées, de discuter, de parler.

Le 7, le 8 puis le 9 janvier, la violence et l'impossibilité de penser et de parler ont montré à quel point elles avaient partie liée. Et, ce faisant, elles nous ont indiqué la route à suivre. La capacité de penser, en effet, est donnée, par son statut d'être parlant, à chaque être humain. Mais il ne peut la développer qu'au prix d'un apprentissage.

Notre pays a donc désormais une tâche prioritaire à accomplir : permettre à tous ses enfants – ceux qui naissent sur son sol et ceux qu'il accueille – d'apprendre à penser. Pour ne plus jamais être la proie ni de leur propre violence ni de celle de tous ceux qui, par le monde, veulent les utiliser pour mettre en œuvre la leur.

Et pour permettre à tous les enfants de « trouver » ainsi « les mots pour dire », notre pays a une institution qu'il se doit de protéger, de valoriser mais aussi de faire évoluer : l'école.

Elle est aujourd'hui notre meilleure arme contre les kalachnikovs.

VICTOR HUGO

[...] Permettez-moi, messieurs, en terminant ce peu de paroles, de vous dire, de déposer dans vos consciences une pensée qui, je le déclare, devrait, selon moi, dominer cette discussion : c'est que le principe de la liberté de la presse n'est pas moins essentiel, n'est pas moins sacré que le principe du suffrage universel. Ce sont les deux côtés du même fait. Ces deux principes s'appellent et se complètent réciproquement. La liberté de la presse à côté du suffrage universel, c'est la pensée de tous éclairant le gouvernement de tous. Attenter à l'une, c'est attenter à l'autre.

Eh bien, toutes les fois que ce grand principe sera menacé, il ne manquera pas, sur tous ces bancs, d'orateurs de tous les partis pour se lever et pour protester comme je le fais aujourd'hui.

La liberté de la presse, c'est la raison de tous cherchant à guider le pouvoir dans les voies de la justice et de la vérité. Favorisez, messieurs, favorisez cette grande liberté, ne lui faites pas obstacle ; songez que le jour où, après trente années de développement intellectuel et d'initiative par la pensée, on verrait ce principe sacré, ce principe lumineux, la liberté de la presse, s'amoindrir au milieu de nous, ce serait en France, ce serait en Europe, ce serait dans la civilisation tout entière l'effet d'un flambeau qui s'éteint !

(Discours à l'Assemblée constituante, 11 septembre 1848.)

FABRICE HUMBERT

JE SUIS CHARLIE

Il suivait l'homme depuis une heure environ. Il l'avait repéré dans le supermarché, devant lui, à la caisse. Il l'avait vu sortir son épais portefeuille et en extraire un billet de cinquante euros. Il y en avait d'autres, beaucoup d'autres. C'était un homme d'une cinquantaine d'années, à l'allure inoffensive et qui ne payait pas de mine. Pantalon de toile, parka, rien de marquant. Impossible d'imaginer qu'il avait autant d'argent dans son portefeuille.

C'était bien le cas pourtant. Alors il l'avait suivi. Il l'avait attendu non loin de la boulangerie, juste à distance suffisante pour ne pas se faire repérer. Puis à la poste. Encore dix bonnes minutes. Il se demandait combien de temps il faudrait encore attendre. Difficile de gagner sa vie à notre époque. Il espérait seulement que l'homme ne parte pas ensuite en voiture.

Non. L'inconnu, après la poste, avait poursuivi son chemin, assez lentement, comme pour une promenade. À croire qu'il visitait la ville. Avec son petit sac de courses, il avançait paisiblement, s'arrêtant parfois devant les vitrines. Il observa longuement des lampes en devanture d'un magasin. Il avait l'air d'aimer ça, les lumières. Et puis l'inconnu avait encore marché. Il avait traversé les grands immeubles du centre-ville puis il avait bifurqué vers la zone des pavillons. Très bonne idée, ça. C'était un coin où il y avait peu de monde. Une bonne inspiration. Il fallait toujours le suivre mais tranquillement, sans inquiétude : on ne pouvait pas le perdre.

L'homme au portefeuille passa devant le terrain de foot. C'était le moment. Le rôdeur sortit son couteau.

Deux minutes plus tard, il repartait en sens inverse, un portefeuille avec cinq cents euros dans la poche. Il retrouva la zone des pavillons. Un retraité, sur son perron, arrosait ses fleurs. Le vieil homme tourna la tête vers lui et se mit à l'observer fixement. Sans trop savoir pourquoi, il se sentit gêné. Qu'est-ce qu'il avait, ce vieux ? Il continua. Une fenêtre s'ouvrit, une tête de femme apparut. Elle aussi se mit à le fixer. Il rougit. Qu'est-ce qu'ils avaient, tous ? Il jeta un coup d'œil nerveux à son blouson. Une trace ? Du sang ? Non, il n'y avait rien.

Il accéléra le pas. Une porte s'ouvrait à sa gauche puis une autre. Des hommes sortaient de leurs maisons. Tous le regardaient. Il frissonna. Il avait l'impression que les portes de toutes les maisons s'ouvraient maintenant. Des silhouettes sombres se dirigeaient silencieusement vers la rue. Hommes, femmes, enfants, vieillards.

Saisi d'une peur affreuse, l'assassin se mit à courir. Les silhouettes ouvraient les grilles. Tout le monde l'observait, avec une expression bizarre. Il courait et il distinguait sur leurs traits quelque chose de bizarre. Quelque chose qui n'était pas menaçant mais… bizarre. Un enfant murmura une phrase. Il ne l'entendit pas. Une femme dit un mot. Il ne l'entendit pas. Leur expression… Une sorte de tristesse. Il voulait fuir, fuir mais il comprenait que c'était impossible, qu'il ne pourrait échapper à cette rue sans fin, dans laquelle, toujours plus nombreux, se massaient les témoins et les juges de son crime.

Une vieille femme dit une phrase et cette fois il l'entendit sans la comprendre.

« Je suis Charlie. »

GUILLAUME JAN

SALUT À TOI, MOHAMMED

J'avais rencontré Mohammed dans un village poussié-reux du sud du Yémen qui s'appelait Al Qaïda – comme l'organisation terroriste. C'était peu après les attentats du 11 septembre 2001 et mon journal m'avait envoyé y faire un reportage, en raison de cette surprenante homonymie justement. Mohammed était un jeune homme au sou-rire franc, un garçon plein d'énergie et de liberté. Oh, un rebelle aussi, un gouailleur (et l'entendre gouailler en arabe, c'était quelque chose), un fort en gueule qui savait se foutre des pisse-froid, des crétins des sables, des fana-tiques de carnaval, des bigots de tous poils, des empê-cheurs de rigoler, des têtes de lard. Des beaufs.

Pour gagner de quoi vivre, l'aimable dissident trans-portait les habitants de ce gros bourg à l'arrière de sa moto chinoise, qu'il avait customisée en recouvrant le siège d'une peau de chèvre. Quand Mohammed s'en-nuyait trop dans son village poussiéreux, il partait dépen-ser son argent à Aden, la grande ville, 100 kilomètres au sud. Là-bas, il goûtait à un semblant de vie nocturne, il s'achetait des chemises et des cassettes de musique égyptienne. Le jeune homme aimait la liberté, mais le modèle occidental ne le faisait pas rêver pour autant. Il comprenait mal l'attitude défiante de l'Occident à l'égard du monde musulman et n'appréciait guère l'arrogance du président des États-Unis, qui s'appelait George W. Bush à cette époque. D'ailleurs, en réaction à la politique de *néo-con* du gouvernement US, Mohammed avait décidé, avec quelques amis, de ne plus acheter les (rares) produits américains commercialisés à Al Qaida. Ce boycott de village, c'était sa résistance à lui, son djihad non violent.

D'autres, qu'il aimait encore moins, c'étaient les fous de Dieu. L'attentat des tours jumelles l'avait atterré et il n'en revenait pas que des apprentis terroristes aient suffisamment de bouillie dans le cerveau pour causer toutes ces morts au nom d'Allah. En fait, les terroristes l'inquiétaient encore plus que George W. Bush : « À cause de ces abrutis, l'islam est devenu un ennemi pour le reste du monde », avait-il remarqué.

Je n'avais pas rencontré de kamikazes islamistes dans l'Al Qaïda de Mohammed. Depuis la terrasse où nous discutions, on voyait des enfants lancer leurs cerfs-volants confectionnés avec des morceaux de sacs plastique, et de fiers jeunes hommes en djellaba revenir de la route principale où se tenait le marché au qat – chacun d'eux portait un gros sachet de feuilles de ce doux narcotique, qui servirait à occuper la torpeur brûlante de l'après-midi. À cette heure de la mi-journée, il n'y avait pas de femmes dans la rue ; d'ailleurs elles étaient quasiment absentes du paysage et les rares qui sortaient étaient voilées de la tête aux pieds. Mohammed avait une amoureuse, mais il devait la voir en cachette. Il m'avait confié aussi qu'il voulait améliorer son anglais pour pouvoir écouter les nouvelles du monde à la radio.

Quand j'ai entendu que l'attentat contre les dessinateurs de *Charlie Hebdo* était revendiqué par Al-Qaïda au Yémen, c'est à lui que j'ai pensé, à Mohammed qui traitait de cons les fondamentalistes et se moquait de l'hypocrisie des bondieusards. J'espère que tu ne te sens pas seul.

JEAN-PAUL JOUARY

COMMENT PEUT-ON ÊTRE CHARLIE ?

Le dimanche 11 janvier 2015, marcher dans Paris procurait un ensemble de sentiments étranges qui enchevêtraient tristesse et bonheur, émotion muette et flots de raisonnements bavards. Il a donc fallu de l'encre et du sang pour que se réveille une France que l'on disait suicidée, faire écho sur toute la planète et obtenir que des religieux et des policiers, des politiques et des bien-pensants soudainement se joignent à la foule des citoyens indignés et agrafent comme eux à leur vêtement une déclaration d'amour à un journal qu'ils avaient parfois dénoncé ou ignoré, et qu'ils craignaient soudain de voir disparaître. Nous marchions sans banderole, malheureux contre le malheur et en colère contre les colères, avec cette petite phrase « Je suis Charlie » sur le cœur, trois mots apparemment ridicules, sans signification. Et il est vrai que cette petite affirmation est sans rapport avec les jeux d'intérêts et d'ambition, étrangère aux étiquettes et tactiques. Apolitiques cette marche, cet élan, cette émotion ? Ou bien hautement politiques, au sens propre, très propre ? « Je suis Charlie » : ces trois mots exigent d'être décryptés pour comprendre enfin qu'on ait pu les arborer fièrement dans le moindre village de France mais aussi de Sydney à New York et de Madrid à Berlin. C'est qu'à travers le crime perpétré contre les acteurs de ce journal impertinent, insoumis, on a redécouvert des valeurs universelles dans lesquelles c'est en tant qu'individu que chacun peut se reconnaître, par-delà les opinions et croyances diverses ou opposées. Soudain, cette universalité est ressentie *en moi*, qui que je sois, car nos différences sont bien ce que tous les humains ont de commun. Un universel très théorique, enfin devenu *visible*, *palpable*, *exprimable*. Se voir ainsi rassemblés a pu apprendre à chacun, un peu, sur soi-même.

C'est pourquoi elles n'étaient pas dérisoires ces larmes qui jaillissaient du sentiment d'un vécu partagé. Là où discours et analyses ont trop souvent déçu les attentes nées de la souffrance et de l'espoir, des *émotions* ont tout dit. On se rappelle alors avec Hegel que rien de grand ne s'est jamais fait sans passion, et que c'est ainsi qu'une colère joyeuse a pu en 1789 accoucher de valeurs universelles et donner son sens à toute la philosophie des Lumières. Il y eut ainsi dans cette marche, dans les rues, plus de vérité que dans les paroles ronflantes de bien des invités médiatiques de la période. Rester soi-même, *Je*, avec tous les autres *Je*, au travers de ce mot *Charlie*, devenu le signe de l'universel partagé, faisant lever quelque chose de plus grand que nous peut-être, si nous le voulons. Il a fallu ce sang versé de personnes si libres, pour cette émergence. Sartre avait osé montrer, au lendemain de l'occupation nazie, que l'obstacle à notre liberté, loin de l'anéantir, est ce qui au contraire révèle à chacun sa liberté infinie de réagir et de créer. C'est dans le monde entier que ces crimes ont réveillé l'urgente nécessité que tous les citoyens reprennent en main leur liberté contre tout ce qui la menace ou l'entrave. Qui peut prétendre me représenter, parler à ma place, décider sans moi, écrire une Constitution ou imposer des lois sans mon approbation explicite ? On peut réapprendre qu'en se rassemblant un peuple peut faire rayonner des principes universels, et qu'il n'est pas de meilleur rempart contre tous les semeurs de malheur et de haine. Cette marche, qui a étonné le monde entier comme ses propres acteurs, est peut-être la preuve que Rousseau ou Mandela n'ont pas rêvé. Mandela, dont la disparition avait, il y a un an, provoqué une émotion de même nature.

Comment être Charlie, durablement, comment s'emparer de cette *possibilité* qui effleure la surface de nos vies ? Telle est l'une des questions qui nous est posée.

MARC LAMBRON

A FRENCH KILLING

Quelques décharges de kalachnikov ont suffi à faire basculer le monde entier de la mode du *French bashing* à la tragédie du *French killing*. On a voulu assassiner un présent, mais aussi un passé. Pourquoi ? La France est un pays qui a conduit sa grande révolution de 1789 contre la monarchie et le clergé catholique. On ne voulait plus de pouvoir royal, on ne voulait plus de pouvoir religieux. Dans l'idéal républicain français, la citoyenneté est première, la religion est seconde. Et elles sont séparées. C'est pourquoi, par exemple, les citoyens de mon pays comprennent mal la démocratie américaine : caricaturalement, ils peuvent la voir comme la création de pasteurs hollandais qui prêtent serment sur la Bible et inscrivent « *In God we trust* » sur leurs billets de banque, ivres de justice divine, tout en ayant laissé les Afro-Américains dans un état d'infériorité jusqu'à Lincoln, et peut-être jusqu'à Martin Luther King.

La France n'aime pas les théocraties, et les théocraties n'aiment pas la France. C'est pourquoi, animée par un autre syndrome national, l'esprit de La Fayette, la France intervient souvent avec son armée dans les pays où la liberté est menacée par des fanatiques religieux. En ce moment, le Mali, l'Irak et la Syrie. La France n'est pas un califat : c'est un pays où, dans la même journée, vous pouvez assister à un culte catholique, partager à midi un *gefilte fish* avec un ami juif, et dîner le soir d'un bon couscous marocain. Nous avons un rapport presque gastronomique avec les différentes religions, tout comme on peut aimer à la fois les vins d'Alsace, de Bourgogne et de Bordeaux.

Évidemment, ce pluralisme n'est pas du goût des fous de Dieu. L'attentat contre *Charlie Hebdo* est un attentat contre Voltaire, c'est-à-dire contre le droit démocratique à la moquerie et au blasphème. Les djihadistes ont frappé la rédaction du journal le plus insolent de France, comme si la mafia avait abattu en 1930 les esprits les plus corrosifs des États-Unis, mitraillant à la *round table* de l'hôtel Algonquin à la fois Dorothy Parker et Robert Benchley, Harpo Marx et Harold Ross. C'est cela que nous avons perdu. Les meurtres de notre époque ressemblent à un scénario de jeu vidéo : imaginons des *serial killers* à la Tarantino, rhabillés en ninjas par Daesh, qui mitraillent les frères français du *National Lampoon* et de Lenny Bruce. Mais ces terroristes ont aussi frappé un magasin cacher : acte antisémite à l'évidence, mais acte également dirigé contre la liberté constitutionnelle de pratiquer des cultes multiples.

Cela rapproche ces islamistes des nazis, qui brûlèrent d'abord des livres avant de brûler des juifs, et porte ce janvier rouge à la hauteur d'un 11 septembre 2001 de l'esprit. Toutefois, le problème pour ces meurtriers imbéciles réside dans la complexité française. La France est un pays de 66 millions d'habitants, avec parmi eux 6 millions de musulmans. Si vous tirez aujourd'hui sur un Français, vous avez une probabilité sur dix de tuer un musulman. C'est d'ailleurs ce qui est arrivé : parmi les 17 victimes des attentats, un correcteur-typographe se prénommait Mustapha, un policier se prénommait Ahmed. Si vous assassinez des humoristes, des policiers, des juifs, des musulmans, des catholiques, des athées, vous tuez la diversité française. Avec des balles meurtrières, les assassins ont fait surgir l'autoportrait d'un pays.

C'est sans doute la clef de l'énorme mouvement de colère et de deuil qui a soulevé cette nation, spontanément lancée dans la plus grande manifestation de toute son histoire, avec près de 4 millions de marcheurs dans les rues. Personne ne veut que la France devienne une miniature de ce Proche-Orient où l'on attaque aussi les chrétiens d'Irak, les citoyens d'Israël et les musulmans modérés. Les cortèges ont applaudi les policiers, habituellement moins populaires : on remerciait ainsi la police de défendre une culture où on a le droit de dire du mal de la police.

Mais quelque chose de plus profond est en jeu. Depuis 1945, les démocraties occidentales sont entrées dans une ère post-héroïque. La mort est mise à distance, c'est l'économie qui est première. On juge internationalement la France avec les critères des agences Fitch ou Moody's. On ne parle plus de Voltaire, on agite des statistiques. Et soudain, voici le retour des héros dans une société post-héroïque. Les satiristes libertaires qui se battent avec un crayon, les policiers républicains qui montent à l'assaut. Pendant une semaine, les télévisions françaises n'évoquaient plus les critères budgétaires, mais les critères du courage. On ne parlait plus de défiscalisation, on parlait de résistance. En termes américains : adieu Dow Jones, bonjour Patton. En termes français : adieu Christine Lagarde et Thomas Piketty, bonjour Victor Hugo, Émile Zola, Jean Moulin, Albert Camus. Le propre de la barbarie, parce qu'elle a le visage de la mort, c'est de nous mettre en face des raisons nobles qu'il y a de nous comporter noblement. Et quand chacun trouve en soi la dignité de résister, ce « non » à la barbarie devient un « oui » à l'honneur de vivre.

(Version française d'un texte écrit pour le *New York Times*.)

FRÉDÉRIC LENOIR

UN DRAME QUI RECRÉE DU LIEN

À travers l'assassinat de toute une rédaction de presse, c'est une de nos valeurs les plus chèrement acquises qu'on a voulu abattre : la liberté d'expression. À cet acte horrible et d'une profonde portée symbolique, les Français n'ont pas répondu par la peur, l'abattement et la colère passive. Ils ont répondu par une immense clameur patriotique. Cet élan dépasse tous les clivages politiques et religieux, ce qui n'était pas arrivé depuis fort longtemps. Et de nombreuses personnes, qui réprouvaient pourtant la publication des caricatures du Prophète de l'islam, se sont mobilisées. Ainsi, la principale organisation représentative des musulmans français et la plus identitaire, l'UOIF[1], qui avait intenté un procès à *Charlie Hebdo* lors de la publication des caricatures de Mahomet, a immédiatement condamné en termes très fermes le massacre et appelé ses membres à se joindre aux cortèges de soutien au journal et à la liberté d'expression.

Lorsqu'un individu subit un puissant choc traumatique, il peut s'écrouler. Il peut aussi lutter et trouver dans l'épreuve de nouvelles forces qui l'aideront non seulement à se relever, mais aussi parfois à grandir et à se surpasser. On appelle cela la résilience. On peut appliquer ce concept aux peuples. Les Français, qui semblaient si déprimés, résignés et plus divisés que jamais, sont en train de se mobiliser – au-delà de tous les clivages politiques, sociaux et religieux – pour refuser la dictature de la terreur et

---

1. Union des organisations islamiques de France.

défendre une valeur phare de notre République : la liberté de conscience et d'expression. Bien que profondément choqués par cet acte de barbarie inouïe, ils répondent par l'envie de résister, d'être solidaires et de dire haut et fort « non » à toute forme de censure par la violence meurtrière. Les Français ont donc choisi la résilience plutôt que l'accablement ou la peur. Cette réaction révèle que nous possédons encore une force d'âme capable de nous mobiliser, de nous ressouder et de revivifier les valeurs fondatrices de notre vivre-ensemble. Après l'accablement et la colère, nous avons envie de croire à notre destin commun, de réaffirmer avec force la pensée humaniste issue des Lumières qui fonde les lois de la République. Le chemin sera long et difficile car il existe de profondes fractures dans la société française, mais cette tragédie nous a redonné envie de nous retrouver et de marcher ensemble. Les victimes de ce crime horrible ne sont pas mortes pour rien.

Même si je ne partageais pas toujours leurs idées et leur goût de la provocation, voilà pourquoi après ce drame je me suis senti aussi Charlie.

BERNARD-HENRI LÉVY

CE QUI RESTERA DU 11 JANVIER

On dira ce qu'on voudra.

Mais il y a tout de même quelque chose de mystérieux, de très beau *et* de très mystérieux, dans la mobilisation de ce dimanche.

Car enfin, il y a déjà eu en France, et il y a déjà eu en Europe, et il y a déjà eu, en particulier, en Italie, des attentats terroristes de grande ampleur.

Et l'on a déjà connu, pour s'en tenir à la seule France, d'entières périodes – je pense à la guerre d'Algérie – où des bombes explosaient chaque matin ; où l'on tirait, au Petit-Clamart, sur le président de la République ; où les commandos du FLN et de l'OAS rivalisaient d'imagination et de sauvagerie pour mettre Paris à feu et à sang.

Mais jamais l'on n'avait vu, ni même imaginé, quarante-trois chefs d'État et de gouvernement, autant dire un quart des Nations unies, faisant le déplacement pour défiler au coude à coude avec les survivants des attentats.

Jamais, depuis le 8 novembre 1942 et le fameux discours en français du président Roosevelt venant, en pleine guerre antinazie, sur les antennes d'une minuscule radio qui s'appelait Radio-Londres et qui était la radio des Français libres, dire, comme aujourd'hui John Kerry et son hallucinant « Je suis Charlie » prononcé, lui aussi, dans la langue de Molière, sa solidarité avec la France, l'on n'avait vu l'Amérique vibrer de cette émotion fraternelle avec la nation sœur par excellence.

Et puis ces millions de Français descendus dans la rue pour crier leur deuil d'un petit journal satirique dont nombre d'entre eux connaissaient, la veille encore, à peine l'existence mais qui, là, tout à coup, leur apparaît comme le symbole mondial de la liberté d'expression massacrée…

Et puis ces millions d'incomptés, car incomptables, qui sont descendus voter avec leurs pieds en faveur d'un « esprit Charlie » dont ils pensaient, quand ils le lisaient, qu'il ne respectait rien et allait trop loin dans l'irrévérence…

Et puis ces églises qui ont sonné le glas pour des caricaturistes merveilleux mais féroces et dont elles étaient les premières cibles…

Et puis ces musulmans de France – pas tous naturellement, pas tous… – que l'on attendait depuis longtemps, si longtemps, et qui se sont, eux aussi, sentis requis, appelés par la circonstance afin de prononcer, enfin, ces mots que le monde attendait : « pas en notre nom… les islamistes hors de l'islam… il y a une bataille au sein de l'islam et nous avons bien l'intention de défendre pied à pied notre islam de lumière et de paix contre celui qui arme les assassins de flics, de journalistes et de juifs… »

Et puis ces populistes, et puis ces profiteurs de haine et autres incendiaires des âmes qui, au Front national et ailleurs, croyaient pouvoir capitaliser la tragédie et se sont trouvés marginalisés, que dis-je ? se sont auto-exclus de cette ferveur immense (ah ! le réjouissant spectacle de la pauvre madame Le Pen confondant une manifestation populaire avec l'un de ces bals de Vienne dont elle a la douteuse habitude et réclamant sottement son bristol avant de décider, boudeuse, d'aller défiler, toute seule, à … Beaucaire !)

Tout cela est du jamais vu et reste, je le répète, presque impossible à comprendre.

Ce fut un de ces moments de grâce, un de ces soulèvements métapolitiques comme les grands peuples en connaissent quelquefois.

Et encore… Rien de vraiment comparable, non plus, avec les émois de 1789… Ni avec ceux de 1830 et 1848… Ni même avec le million de Parisiens descendus dans la rue le 26 août 1944 pour la libération de Paris… Je ne suis même pas certain qu'il faille encore dire, pour cette levée en masse, cet ouragan silencieux, ce tsunami d'intelligence et d'émotion, « manifestation », ou « défilé », ou « marche »… Et le dernier épisode du genre, le dernier à lui être *un peu* comparable, ce sont les funérailles de Victor Hugo qui, en 1885, firent descendre sur le pavé parisien près de deux millions d'hommes et de femmes, cette « escorte de tout un peuple », racontée par Barrès dans *Les Déracinés* – mais, là non plus, ce n'est pas cela ; là non plus, le compte (près de 4 millions de Français, toutes obédiences, croyances, origines confondues) n'y était pas tout à fait…

Alors, la question, c'est, bien sûr : que s'est-il passé ?

Il y a, clairement, quelque chose qui, en chaque Français et, au-delà des Français, en nombre de terriens, sur les cinq continents, du Burundi à la Mongolie et de Beyrouth à Mexico, Sydney ou Pretoria, a été atteint, touché, bouleversé – mais quoi ?

Il y a un immense, un colossal groupe en fusion mondial qui s'est formé et qui a fait que cette France que l'on disait à bout de souffle, déclinante, en voie d'être rayée de la carte des puissances, est redevenue, soudain, la patrie blessée mais pas coulée de la liberté, la capitale mondiale des Lumières assassinées mais splendidement ressuscitées, la nation phare des droits de l'homme – mais, je le répète, pourquoi ?

Peut-être le nom « Charlie », ce nom finalement magique, qui résonne dans toutes les langues du monde – Charlie Chaplin, ce grand Charles français que l'on appelait, lui aussi, Charlie…

Peut-être le droit de rire, juste de rire, ce droit dont un ancien philosophe grec, cité par Rabelais, disait qu'il est le « propre de l'homme » et dont la preuve serait alors faite qu'il conviendrait, comme le droit de se contredire et celui de s'en aller, de l'ajouter de toute urgence à la liste des droits de l'homme.

Peut-être, oui, ce rire du diable et du bon dieu, ce rire libérateur et qui veut dire qu'on n'a plus peur, ce glorieux rire de Pâques des églises du Haut Moyen Âge qui était un hommage rendu à la Résurrection du Christ, peut-être ce rire primordial dont un certain Sigmund Freud disait qu'il est la langue même de l'inconscient et, donc, de l'humanité de l'homme et dont un autre poète, André Breton, disait qu'il est la révolte supérieure de l'esprit, peut-être, oui, ce rire viscéral, littéralement vital et dont la privation nous serait aussi fatale que celle de l'air que nous respirons ou de la lumière qui nous met debout.

Ou peut-être, tout simplement, la goutte d'eau qui a fait déborder le vase de la lâcheté et de l'horreur, ou de l'horreur et de la lâcheté, et qui fait que, soudain, on ne sait trop pourquoi, un peuple et, derrière lui, un monde décident de dire non à une barbarie à laquelle on a trouvé, depuis trop d'années, trop d'excuses.

La vérité est que personne n'a de vraie explication.

Et l'on se trouve, là, face à l'un de ces mystérieux sursauts qui sont, des origines de la philosophie politique à la théorie sartrienne de la fraternité, la plus impénétrable des énigmes – révolte logique… pur diamant de l'événement... avènement d'un courage qui se propage comme une flamme et dont aucune langue politique ne peut expliquer la folle course...

Ce qui est sûr, en tout cas, c'est que la France n'a plus peur.

Ce qui est sûr, c'est qu'il y a désormais toute une Europe et, au-delà de l'Europe, toute une partie de la planète qui a choisi de penser qu'elle n'a plus à choisir entre ces deux versions de la bêtise, de la haine et, au fond, du nihilisme que sont l'islamisme d'un côté et les populismes fascisants de l'autre.

Ce qui est sûr, c'est qu'il y aura d'autres attentats djihadistes, forcément d'autres, mais qu'il y aura de moins en moins de monde pour murmurer qu'on en fait trop, qu'il faut faire profil bas ou trouver des accommodements – et ce qui est sûr, aussi, c'est que les réponses faciles et lâches, les réponses par amalgame, les réponses de ceux qui prétendaient s'en tirer en « déportant » des communautés entières d'Européens, les réponses des pauvres en esprit qui semblaient prêts à se jeter dans les bras de tels « frontistes » ou « liguards » ont été provisoirement balayées par le souffle de ce qui s'est produit.

La France est de retour : preuve, soit dit en passant, que la grandeur d'un pays n'est pas réductible à sa « compétitivité » ou à la plus ou moins bonne conformité de ses comptes avec les « paramètres » d'une bureaucratie, fût-elle européenne.

L'Europe est de retour : la vraie Europe, celle de Husserl et de cette universalité concrète, fondée sur des valeurs et principes partagés, que veulent abattre les deux avant-gardes du fascisme contemporain que sont, en France, le fondamentalisme musulman et leurs jumeaux qui, comme Jean-Marie Le Pen ont tenu à déclarer qu'ils n'étaient « pas Charlie ».

Tout peut encore arriver, bien sûr.

L'éclat de ce moment de grâce, de ce prodige, va forcément pâlir dans nos mémoires et dans nos œuvres.

Et la politique, la pire comme la meilleure, reprendra nécessairement ses droits et s'emploiera, c'est normal, à refermer la brèche qui s'est ouverte.

Mais telle est la marque des événements, les vrais, les rares, ceux qui, encore une fois, arrivent une fois par siècle, qu'ils laissent derrière eux une longue et forte trace : à nous de lui être fidèles et d'empêcher qu'elle ne s'efface.

FRANÇOIS-GUILLAUME LORRAIN

Fallait-il 17 morts pour se rappeler que la France est en vie ?

Pour apprendre que nous ne sommes pas seulement dépressifs, solitaires, résignés, mais aussi vigilants, prêts à nous battre et résolus à nous unir ?

Quel est cet étrange pays qui ne se réveille que le couteau sous la gorge ?

C'est celui de Valmy, de Bouvines, de la bataille de la Marne et de l'appel du 18 juin.

Fallait-il 17 morts pour que nous n'ayons plus à rougir de nos hommes politiques ?

Pour qu'ils nous rappellent qu'ils savent être des hommes avant d'être des politiques ?

Quel est cet étrange pays qui ne se lève que lorsque la patrie est en danger ?

Fallait-il 17 morts et l'islamisme ?

Qu'on nous attaque pour qu'on réponde enfin présent ?

Et maintenant ?

Jamais ce point d'interrogation n'aura été aussi grand.

Jamais on ne se sera posé autant cette question.

Immense.

À la hauteur de notre réaction.

À la hauteur aussi du chantier qui nous attend.

Et maintenant, que faire avec tout ça ?

Mais dans cette question, enfin, un début d'espérance.

Faudra-t-il d'autres morts ?

D'autres islamistes ?

D'autres dessinateurs, d'autres juifs, d'autres policiers, d'autres joggers ?

Mourir pour la France, disent-ils.

Mourir pour que nous soyons libres, disent-ils aussi.

Quel est cet étrange pays où il faut mourir pour quelque chose ?

Alors qu'il suffit de vivre.

Fièrement.

Dignement.

En n'oubliant pas ce qu'on a vécu.

Les 4 millions dans les rues.

L'unanimité à l'Assemblée nationale.

En n'oubliant pas que tout cela est fragile.

Que le mal est profond.

Mais qu'on en a pris enfin la mesure.

IAN MANOOK

PLEURER OU PAS

Maman est morte le 8 janvier et je n'ai pas beaucoup pleuré parce que c'était dans l'ordre des choses. Mourir à 88 ans, avant tous ses enfants, après une longue vie sans trop de grands malheurs, dans son sommeil, sans trop souffrir, c'est dans l'ordre des choses.

La veille, douze personnes sont mortes dans l'attentat contre *Charlie Hebdo*, certaines que je connaissais et d'autres pas, et j'ai beaucoup pleuré parce que ça, ce n'est pas dans l'ordre des choses. Mourir pour un dessin ou sur l'ordre d'un Dieu, ce n'est pas dans l'ordre des choses.

Par chance, maman était déjà ailleurs ce jour-là. Elle n'en a rien su et nous ne lui avons rien dit. Comment aurions-nous pu la laisser partir dans le fracas d'une telle horreur ? Nous avons préféré lui laisser croire qu'elle nous léguait un monde meilleur. Qu'elle n'avait pas à s'en faire pour nous et que tout allait bien. Que notre vie serait belle quand même, même sans elle.

J'espère qu'elle est partie en le croyant.

Parce que maman était croyante. Sa foi était un pilier de sa vie. Elle priait pour tout et pour tous. Elle priait pour l'Afrique et pour que j'obtienne mon BEPC. Elle priait pour nous dès que nous passions la porte. Et nous sommes partis si souvent et si loin. Si loin d'elle, et moi si loin de son Dieu aussi. Mais peu lui importait. Puisqu'elle priait pour nous, nous étions protégés.

De cette foi qu'elle a toujours gardée et que j'ai perdue, j'espère qu'il en reste malgré tout encore un tout petit peu en moi. Assez pour croire très fort que personne ne l'a trompée, ni sur terre, ni au-delà. Elle y a tant cru, toute sa vie, de toute son âme, qu'elle mérite que ça soit vrai. Que là où elle a toujours rêvé d'aller après, elle y est déjà aujourd'hui, auprès de celui qu'elle a toujours aimé. Notre père. À nous, ses enfants.

Aujourd'hui, j'ai envie de pleurer, et c'est pour maman et *Charlie* à la fois. L'ordre des choses a fait que désormais, chaque année à la même époque, leur souvenir commun tissera ma tristesse et mon chagrin. Je me souviens du jour où j'ai rapporté *Charlie* à la maison pour la première fois, quand il était encore *Hara Kiri*. Maman a parcouru, d'un œil effaré, tous ces dessins terribles qui se moquaient en traits vulgaires de toutes ses valeurs et de chacune de ses certitudes. Puis elle a levé les yeux au ciel pour prendre son Dieu à témoin. Mais pas pour lui demander de punir ces trublions blasphémateurs. Pour lui demander de tout leur pardonner. Ce qu'ils avaient fait, et ce qu'ils allaient continuer à faire.

On porte en terre, aujourd'hui même, une partie de la bande de *Charlie*. Peut-être maman va-t-elle les croiser quelque part. Nul doute alors qu'elle leur pardonnera à nouveau. Je suis même certain qu'elle se portera volontaire pour devenir leur dame catéchisme. Bien fait pour eux ! Puis elle leur servira un goûter, comme font les vieilles mamans aux copains un peu voyous de leurs fils qu'elles aiment bien quand même, et les saoulera comme elle nous a toujours tous saoulés ici en racontant pourquoi elle est fière de ses enfants, les plus courageux, les plus beaux et les meilleurs.

Alors nous devons à maman et à Charlie d'être et de rester les plus beaux, les plus courageux et les meilleurs et, si nous ne le sommes pas, d'essayer de le devenir. Sans rien abandonner de ce qui faisait, même en secret, qu'ils étaient aussi fiers de nous que nous le resterons d'eux.

FABRICE MIDAL

MÉDITER DEVANT L'EFFROI
Ni l'émotion, ni les proclamations d'intention ne peuvent suffire.

L'effroi nous a tous saisis. Face à cette situation, nous avons entendu beaucoup de proclamations d'intention. Elles sont certes nécessaires. Il faut affirmer la liberté d'expression, le sens de la République, le rejet de toute haine de l'autre et de l'effroyable antisémitisme. Mais cela ne suffit nullement. Et le risque que ces proclamations deviennent de simples slogans est réel et dangereux.

Nous entendons beaucoup d'experts proposer leur analyse. Certes, il faut chercher à penser ce qui s'est passé. Mais le temps de la pensée n'est pas le temps de l'urgence. Nous voudrions que tout ait un sens. Nous voudrions comprendre. Mais d'abord il faut accepter que le sens vacille. Il faut accepter de ne pas vouloir aller trop vite.

Dans une telle situation, la méditation est précieuse : elle nous permet de nous arrêter. De prendre le temps de simplement nous ouvrir à ce que nous, nous ressentons. Parfois, nous avons écouté des informations en boucle, cherchant à calmer notre inquiétude, à discerner un sens. Il faut prendre le temps d'arrêter. De nous poser. D'être en silence. Accepter d'être perdu. Accepter de ne pas savoir que dire. Accepter que nos émotions, comme toutes les émotions, ne soient pas nécessairement justes, ne suffisent pas à nous mettre à l'unisson de ce qui se passe.

Je crois que c'est à ce prix que nous pourrons répondre justement à ce qui est en train de se passer, de s'ébranler dans notre monde. Car il nous faut éprouver ce qui se passe, sans être prisonnier des émotions, et *penser* l'abime sans être prisonnier des idées toutes faites.

Ne pas fuir la douleur

Je n'ai cessé depuis des années de dénoncer l'idée malheureuse que la méditation serait une façon de se vider l'esprit, d'être « zen ». Est-ce cela que nous voudrions aujourd'hui ? Être zen ? Évidemment non. Nous avons besoin d'apprendre à avoir un rapport juste à la douleur. Tel est précisément le sens réel de la méditation.

Parfois, je dois reconnaître qu'écoutant les informations, j'ai souvent été gêné par le ton de certains journalistes qui, je trouve, manquent de sobriété, de tenue et de dignité. Malgré la peur, malgré la douleur, nous devons rester dignes. Cela n'est possible qu'en étant honnêtement en rapport à ce que chacun de nous ressent. Face à l'indigne, il faut redoubler de dignité.

De la nécessité de la bienveillance

Quand le monde est empli de souffrance, il faut œuvrer à l'apaiser. La pratique de la bienveillance est ici d'une grande aide. Elle se fait en deux grandes étapes.

Il faut commencer par entrer en rapport avec notre douleur. Simplement. Prenez-la dans vos bras, comme si elle était un enfant qu'on vous aurait confié. Prenez votre douleur et posez-la dans le berceau de la tendresse la plus aimante. Ne la jugez pas. Apaisez votre douleur avec l'éventail de la douceur.

Si vous ne ressentez rien de particulier, car tout est trop flou, trop confus pour que vous sachiez réellement ce que vous ressentez, éprouvez de la bienveillance pour cela. Éprouvez de la bienveillance si vous êtes débordé, abasourdi, désarçonné, plein de haine ou de colère.

Accueillez avec bienveillance votre découragement, votre désespoir, votre inquiétude ou votre angoisse.

Dans un deuxième temps, après avoir pris soin de votre propre douleur, ouvrez votre cœur. Ouvrez votre cœur envers tous ceux qui en ce moment souffrent comme vous, vivent la même détresse que vous. Prenez toute cette douleur dans vos bras. Apaisez-la. Quand des événements aussi terribles surviennent, il est normal de sentir une forme d'impuissance, d'avoir l'impression de perdre quelque chose de sa vaillance, de son courage.

Pratiquer la méditation est une manière très réelle de nous mettre à l'unisson de la peine du monde, de témoigner notre solidarité envers ceux qui souffrent, de sentir que nous sommes tous unis dans une même douleur. Qu'en réalité, nous ne sommes pas démunis. Notre cœur qui souffre en témoigne. Il est ouvert.

Pratiquer la bienveillance en un moment de grand chaos est une manière très réelle et très belle de garder un rapport vivant à la dignité la plus pure de l'être humain. Car notre dignité ne consiste pas à savoir que faire, à être parfait, mais simplement à avoir l'aspiration que tous les êtres soient libres de la souffrance, que chacun puisse trouver la paix profonde du cœur.

GÉRARD MORDILLAT

CONTRE DIEU

Pour être clair : Charb, Honoré, Wolinski, Cabu, Tignous assassinés dans les locaux de *Charlie Hebdo* étaient mes amis. Nous avons travaillé ensemble, publié ensemble, milité ensemble, mangé ensemble, déconné ensemble depuis des années…

Je ne peux donc prétendre à aucune soi-disant neutralité.

Comme je suis écrivain et cinéaste, je veux m'arrêter sur des mots et des images.

Le premier mot sur lequel je veux m'arrêter est le mot « attentat » dont les médias se gargarisent depuis mercredi dernier. Je crois que ce mot est inapproprié. Le terrorisme est aveugle et les poseurs de bombes tuent parce qu'ils veulent tuer sans se soucier de l'identité des victimes, dont seul le nombre compte à leurs yeux. Les journalistes et les dessinateurs de *Charlie* n'ont pas été victimes d'un attentat mais exécutés nommément. C'est bien d'une exécution qu'il s'agit, et d'une exécution politique comparable, si l'on veut, à celle de Jaurès, lui aussi journaliste, lui aussi directeur de journal. Ce sont des méthodes fascistes dont le discours religieux ou nationaliste n'est qu'un faux nez. Il faut le dire haut et fort, les journalistes de *Charlie* ont été exécutés non par des musulmans, non par des islamistes mais par des fascistes. Nos ennemis ne sont ni les musulmans, ni l'islam mais les fascistes.

Prenons une image maintenant : celle de Mahomet, qui a fait tant couler d'encre. Juste pour mémoire, il y a au départ des dessins publiés au Danemark et trafiqués par deux imams intégristes qui les diffusent partout dans le monde musulman, mettant le feu aux poudres. En les publiant et en publiant ses propres dessins, *Charlie Hebdo* témoignait de sa solidarité avec les dessinateurs danois…

C'est le point de départ ; à l'arrivée, il y a deux tueurs fascistes qui s'érigent en juges et bourreaux sous prétexte de « venger le prophète ». Mais venger qui, et de quoi ?

Je ne doute pas qu'il y ait eu un prophète en Arabie au VIIe siècle. S'appelait-il Mahomet, c'est une autre histoire. Comme le dit une grande islamologue, Jacqueline Chabbi, « c'est un peu trop beau pour être vrai ». Mahomet signifie « le loué », le « louangé », c'est un surnom, pas un nom. Peut-on injurier un surnom ?

Nous ne savons pas quand Mahomet est né ni quand il est mort. La tradition considère que c'est en 632, mais cette hagio-biographie a été mise par écrit près de deux siècles après la mort de Mahomet. C'est-à-dire qu'en réalité, historiquement, nous ne savons rien ou presque de l'homme Mahomet ; et absolument rien de son aspect physique. Un Mahomet légendaire, paré de toutes les grâces et de toutes les vertus, naîtra plus d'un demi-siècle après sa mort sous l'égide du calife 'Abd Al-Malik, qui en fera en sorte son porte-parole.

Comment faire la caricature d'un homme dont on ne sait rien ?

Les dessins publiés par *Charlie Hebdo* ne sont pas des caricatures mais des portraits imaginaires, peut-être des portraits charge mais des portraits du Prophète de l'islam ; aussi imaginaires que ceux que l'on trouve abondamment dès le XVe siècle dans la tradition ottomane et perse et jusqu'à nos jours dans la tradition chiite. Une partie des musulmans ne s'offusque en rien que l'on représente Mahomet comme un homme du VIIe siècle. La sacralisation de sa figure n'est qu'un diktat fondamentaliste venu au XIXe siècle du wahhabisme, et c'est cette figure légendaire qui réclamerait d'être « vengée » ? Soyons sérieux.

Il est urgent et nécessaire que les autorités ecclésiastiques de l'islam rappellent qu'en République, il est licite de caricaturer Mahomet, comme on caricature Jésus, le pape, Jéhovah, les hommes politiques, vous, moi, etc. Cela s'appelle la liberté d'expression et c'est un des piliers de la démocratie.

Ce serait licite de caricaturer Mahomet mais « offensant ». Le mot « offense » revient sur beaucoup de lèvres pour reprocher aux dessinateurs de *Charlie* d'avoir fait ce qu'ils ont fait. Cette « culture de l'offense » est en train de se propager comme les métastases d'une tumeur. Désormais, tout le monde s'offense pour un oui pour un non ! Les chrétiens intégristes s'offensent d'une pièce de théâtre mettant Jésus en scène, les juifs de la même eau s'offensent de toute critique du gouvernement israélien gangrené par les religieux d'extrême droite, les musulmans s'offensent de voir leur Prophète à la une d'un journal satirique… Toutes ces belles âmes réclament la censure et qu'on impose le silence aux offenseurs. Mais qui leur imposera le silence, à eux qui offensent quotidiennement mon athéisme en m'assommant de leurs sornettes superstitieuses et en prétendant gouverner ma vie au nom d'une chimère ?

En caricaturant Mahomet, Charb, Cabu et les autres auraient commis le délit de « blasphème ». Combien de fois faudra-t-il répéter qu'il ne peut y avoir de blasphème que dans une théocratie ? Dans la République, il est parfaitement possible d'écrire, de crier, de proclamer qu'on emmerde Dieu, Jéhovah, Allah, Nanabozo le Grand Lapin, Bouddha, le père Noël, Mickey, Harry Potter et tous les dieux inventés par les hommes pour conjurer leur peur de la mort.

Dans les médias, mais aussi dans la rue, on entend formuler trois accusations contre *Charlie* : le journal serait islamophobe, âpre au gain et provocateur.

Charlie serait islamophobe… parce qu'il se moque des intégristes et des fondamentalistes musulmans. À ce compte, il est aussi christianophobe parce qu'il se moque des grenouilles de bénitier et des punaises de sacristie, de Jésus, du pape et de toute la quincaillerie bondieusarde chrétienne. Ajoutons qu'il est aussi vraisemblablement judéophobe parce qu'il se fout de Moïse et des prophètes. Et, pour faire bonne mesure, sans doute antisémite puisqu'il critique la politique du gouvernement israélien massacrant les populations civiles palestiniennes qui font tache sur « la terre sacrée »… Tout cela n'est que faux procès. *Charlie* est tout simplement et sainement anti-clérical. Par l'humour, la satire, l'ironie, il lutte contre tous les clergés : qu'ils soient chrétiens, musulmans, juifs, bouddhistes, shintoïstes, zoroastres, raéliens, j'en passe et des meilleurs. Et si l'on regarde ce que publiait la presse française au moment de la séparation de l'Église et de l'État en 1905, on peut trouver que ses caricaturistes sont plutôt timorés, comparés à leurs anciens… Le seul respect que l'on doive aux religions est le respect au sens étymologique : tenir à distance.

Charlie ne publierait ses dessins que pour attirer le chaland, que par une cupidité absolue, gouverné par l'idée de faire du fric, toujours plus de fric ! Inutile de souligner le grotesque de cette accusation quand on regarde la situation financière du journal et celle de ses journalistes. La sagesse des nations l'a dit une fois pour toutes : « Qui veut noyer son chien l'accuse de la rage. »

Enfin, *Charlie* serait « provocateur », irresponsable, criminel en somme et récolterait ce qu'il a semé. C'est là le plus odieux des retournements de langage. Ou alors c'est provocateur par nature de dire le réel, de l'affronter, de le mettre en lumière. En leur temps, Spinoza pour le judaïsme, Richard Simon, Ernest Renan, Alfred Loisy pour le christianisme et de nombreux auteurs musulmans des premiers siècles, Abou Nawas, al-Hallaj, al-Razi ont été eux aussi accusé d'être des provocateurs et ostracisés. À leur mesure, les journalistes de *Charlie Hebdo* sont dans le même sillage… celui de la raison critique, de l'intelligence contre l'obscurantisme.

On présente le monothéisme comme un progrès par rapport au polythéisme ; espérons qu'après le monothéisme et son dieu unique, un autre progrès nous conduise à l'athéisme. Il ne suffit pas d'en finir « avec le Jugement de Dieu », comme le préconisait Antonin Artaud, il faut en finir avec l'idée de dieu et le fleuve de sang qu'il charrie derrière lui. Encore et toujours le curé Meslier : « L'homme sera libre lorsque le dernier des rois sera étranglé avec les boyaux du dernier prêtre. »

ANNE NIVAT

En tant que correspondante de guerre, je suis plutôt habituée aux actes de terrorisme haineux qui suppriment des innocents, mais ça se passe généralement très loin de mon pays… dans un ailleurs « exotique » où des forces armées régulières combattent djihadistes ou autres extrémistes. Je veux parler des conflits sanglants couverts, au fil des quinze dernières années, en Tchétchénie, Afghanistan, Irak, Syrie, toutes des terres musulmanes.

Mais si, en plein cœur de Paris, des types armés de kalachnikovs sont capables d'aller impunément tuer des hommes ayant ri de l'islam, il y a de quoi être sonné, désarçonné, sidéré ! Après le drame de *Charlie Hebdo*, le mauvais film a continué à Dammartin et à la porte de Vincennes quand un complice des frères terroristes Kouachi a eu l'idée de s'en prendre à des clients d'une supérette cacher où il a tué 4 personnes. Bilan : 20 tués en trois jours, dont trois terroristes, djihadistes, barbares, ignobles assassins, on ne sait plus comment les appeler.

Je crains que leur mort, s'il est compréhensible qu'elle apaise quelque peu l'angoisse, ne contribue pas à l'éclaircissement des nombreux problèmes que ces actes terroristes posent. La traduction en justice nous aurait sans doute aidés. Car si dimanche, lors de la Marche républicaine, par la grâce de la catharsis, nous avons tous été unis en faveur de la liberté d'expression, et de la liberté tout court, maintenant, nous devons faire le désagréable effort de nous rendre compte que certains ne pensent pas comme nous.

Oui, certains, et ils sont français, n'ont pas apprécié les caricatures du Prophète. Oui, peu de temps après le début de la traque contre les terroristes, le hashtag « Je suis Kouachi » est apparu sur le Net, en un impitoyable écho au planétaire « Je suis Charlie », et il est difficile de ne pas avoir la nausée face à ces miasmes virtuels. Oui, dans nos écoles laïques et républicaines, certains enfants, jeunes adolescents et adolescents, ont eu du mal à respecter les minutes de silence imposées par les autorités. De timides voix se sont élevées, ont osé dire leur avis, qui ne correspondait pas à celui de l'« air du temps ». Leurs professeurs ont été rudement confrontés à ces différences qui devraient être une richesse dans notre société mais sont devenues un poids. Je sais qu'il peut paraître incompréhensible à un non-musulman que se moquer du Prophète soit considéré comme un blasphème et engendre une telle humiliation, mais c'est un fait. Plutôt que de le nier, regardons-le. Un musulman peut s'estimer blessé par ce blasphème sans que cela le transforme en terroriste ou complice d'un terroriste. En revanche, il doit comprendre qu'en France, un tel dessin a le droit d'être publié.

Les « guerres contre la terreur » que l'opinion publique française a longtemps, trop longtemps hélas, considérées comme lointaines nous rattrapent… Haines et extrémismes sont globaux et impitoyables. Ils sont le signe que quelque chose débloque. En démocratie, on jouit du privilège de la liberté d'expression, et c'est en son nom que, depuis des années, je sillonne des terrains de guerre musulmans. Depuis quelque temps, j'avais été stupéfaite, voire blessée, d'entendre des voix amies s'élever, affirmant ne pas comprendre pourquoi je continuais à donner la parole à l'autre, à celui qui fait peur, au « méchant », au « barbare », au « djihadiste », « taliban » ou « combattant de l'islam », celui que nos forces alliées avaient pour mission d'aller dénicher et de combattre, voire de « buter jusque dans les chiottes », comme l'avait si élégamment dit en 2000 Vladimir Poutine, le président russe, en référence aux combattants indépendantistes tchétchènes. Militaires et politiques occidentaux emploient un vocabulaire beaucoup moins violent, mais le sens reste le même.

Je déplore que les velléités de connaître son « ennemi », celui qui ne pense pas comme vous, soient insuffisantes, ce qui entraîne un déferlement haineux sur les réseaux sociaux. La haine est aussi la motivation première de ces trois terroristes français, dont je constate qu'ils avaient été fascinés par ces fameuses guerres lointaines d'Afghanistan, de Syrie et d'Irak qui nous rattrapent tel un boomerang impitoyable. Selon le *New York Times*, Saïd Kouachi, l'aîné, se serait rendu au Yémen en 2011. Le cadet, Cherif, aussi : « Je suis d'Al-Qaïda au Yémen. C'est le cheikh Anwar-al-Awlaqi (tué en 2011) qui m'a financé », a-t-il affirmé peu avant l'assaut final. Ces deux frères trentenaires ont été séduits par la mouvance « historique » du djihad, quand le troisième terroriste, Amedy Coulibaly, lui, a mentionné l'État islamique dans une autre courte interview.

Sur tous les terrains de guerre où je me suis rendue, j'ai rencontré de ces jeunes hommes et parfois jeunes femmes – dont des Français – qui s'étaient retrouvés, qui en Tchétchénie, qui en Irak, qui en Afghanistan pour « exister », pour donner « un sens à leur vie » (ils ne savent pas lequel, mais c'est plus « excitant » là-bas), par pure posture, sans vraiment savoir ce qu'ils allaient chercher, par défi, pour expérimenter « la violence en vrai », sans se méfier d'une possible instrumentalisation. En Afghanistan, l'un d'eux m'avait même lancé : « Finalement, c'est sûrement aussi pareil pour vous : ça change de la routine ! » Il m'avait frappé qu'en Tchétchénie, les soi-disant « wahhabites » (puristes de l'islam, extrémistes terroristes) connaissaient aussi mal le Coran au nom duquel ils prétendaient agir. Ces jeunes me paraissaient alors déjà noyés entre la société de l'image globalisée et ce qu'ils croient être leurs racines, à l'instar, peut-être, des trois terroristes français. C'est aussi ce que voulait Mohammed Merah en mars 2012, et d'autres frères rendus célèbres par leur acte de terreur, les frères Tsarnaev, lors du marathon de Boston en 2014.

Cette obsession de devenir un héros m'avait frappée. Héros envers et contre tout, et même un héros en creux, un héros négatif, comme si « aller faire le djihad » était participer à un jeu de télé-réalité qui n'aurait qu'une finalité : se retrouver à la une des médias.

CHRISTEL NOIR

LETTRE D'UNE MÈRE

Ma fille, mon fils, je suis née et j'ai toujours vécu auprès de Muhammad. Durant toute ma vie, il m'a portée, soulagée et enseigné la Paix, l'Espoir et l'Amour.

Ma fille, mon fils, je t'ai porté en mon sein. Allah m'a fait l'honneur de ce cadeau.

En moi, il a placé la Vie ; en toi, il a placé mon amour. Son éternité.

Écoute ses paroles : « Ô vous les gens, répandez la Paix, nourrissez les affamés, respectez les liens parentaux et priez la nuit alors que les gens dorment, vous entrerez ainsi au Paradis en Paix. »

Ma fille, mon fils, ne gâche pas cela. N'écoute pas celui qui prêche autre chose. Il te ment.

Son idéologie n'est pas notre religion. Elle est celle de la haine et du pouvoir. Elle est le cancer de notre Foi.

Crois-moi.

Crois-moi parce que je suis ta mère ;

Crois-moi parce que je t'aime ;

Crois-moi parce qu'une humanité se construit de couleurs, de mots et d'accents, main dans la main ;

Crois-moi, parce que ces différences sont pour nous tous une chance, une force, une richesse ; elles sont notre vie.

Ma fille, mon fils, en faisant confiance à ce menteur, tu ne te sauveras pas, tu ne vengeras personne, tu ne serviras qu'une cause : celle de la barbarie.

Cette cause n'est pas la tienne. Cette cause n'est pas la nôtre. Cette cause n'est pas celle du Prophète.

Cette cause est une insulte à l'Humanité, à la Vie, à la Liberté de penser, de dire et de rêver.

Ma fille, mon fils, ne crois pas celui qui te promet la gloire dans l'invisible en te poussant à l'irréparable. La Mort que tu pourrais donner ne t'ouvrira la porte sur aucune autre vie.

La Mort est indésirable.

Et ce n'est pas à ce menteur d'en infecter ta vie.

Elle se présentera à toi quand le temps sera venu.

Pas avant.

Et tout le temps qui existe entre elle et toi, tout ce temps-là, utilise-le à bâtir le beau, à ériger le bon pour pouvoir effleurer le meilleur.

Pour toi.

Pour ceux qui t'aiment.

Ainsi ta bonté rayonnera en toi, autour de toi et bien au-delà de toi car tu es ce que tu donnes.

Elle sera ton cadeau au Prophète ; ton cadeau à la Vie ; un cadeau pour ta mère aussi.

Ma fille, mon fils, tu es à l'âge de la liberté d'offrir un chemin à ta vie. Ne laisse pas ce menteur t'imposer un projet de mort. Lorsqu'il prend en otage notre religion, je me sens trahie dans ma chair, dans mon âme, comme abîmée de ma croyance.

Ma fille, mon fils, ne te trompe jamais de colère. Personne ici ne t'en veut. Ignore ceux qui te regarderaient de haut pour t'enlever tes rêves.

Ne te trompe pas de combat non plus. Tu n'as d'ennemi que celui que tu es pour toi-même. Et toi seul peux oser te regarder dans le miroir de l'ignorance.

Ma fille, mon fils, accepte ce que tu y verras car c'est ce que tu es.

Respecte celui qui t'enseignera ensuite.

Lis, apprends, écoute, dis, regarde, souris, émerveille-toi, dévore la Vie !

Ma fille, mon fils, trouve le chemin, accepte ses embûches qui te feront chuter pour mieux te relever.

Alors seulement tu mériteras, loin de l'enivrante lâcheté que le menteur peut dispenser, qu'honneur et courage soient le cuir inaltérable qui protégera tes pieds.

Ma fille, mon fils, ne prends jamais le chemin parallèle, celui où tu seras missionné pour propager la mort.

La mort d'enfants innocents, de parents aimants, de vieillards bienveillants qui vivaient tous en Paix avant que tu n'arrives.

Chevalier noir, tu seras alors seul pour l'éternité au milieu des corps dénudés de vie.

Et tu seras ma honte.

Tu me rempliras d'eau de tristesse que je mettrai ma vie à écouler en larmes.

Ma fille, mon fils, n'ôte jamais la vie sacrée à ceux qui ne sont pas comme toi pour la seule raison que tu ne les comprends pas.

Je suis aussi leur mère, celle qu'en tuant tes frères et tes sœurs, tu tueras aussi.

Ma fille, mon fils, j'ai vécu de peu. Mais j'ai été et suis encore heureuse.

La misère n'est ni une fatalité ni une excuse pour commettre l'acte sans retour.

Ma fille, mon fils, à la misère, il faut opposer l'excellence.

Je t'ai donné la vie, alors offre-moi en retour ton rire, ta réussite, ton bonheur. Ma fierté.

Ma fille, mon fils, va sur le chemin de la Paix car il est aussi celui de la Vie, le plus précieux cadeau du Prophète.

Prends cette Paix, prends cette Vie et répands l'amour autour de toi.

Ma fille, mon fils, n'oublie jamais que tu seras ce que tu fais.

VÉRONIQUE OLMI

COMME LA VIDÉO D'UN CHAT

C'est un matin,
Un matin parisien.
C'est un bout de trottoir,
L'hiver.
Un visage nu face à la haine cagoulée,
Deux mains tendues
Face à la terreur.

Entre le sacrifice et l'effroi
Entre l'héroïsme et la supplique
Ahmed Merabet va mourir.
À bout portant.

C'est la solitude d'une mort intime qui dans quelques secondes fera le tour du monde.

C'est un meurtre filmé depuis une fenêtre et posté sur Facebook « par réflexe stupide », « comme la vidéo d'un chat »[1].

« Tu veux nous tuer[2] ?
— Non, c'est bon, chef[3]. »

C'est un fils, c'est un frère, un amant, un ami, un cœur, un esprit, une âme.
C'est une vie.

---

1. Paroles de Jordi Mir, auteur de la vidéo.
2. Parole de l'un des deux frères Kouachi, terroristes.
3. Parole d'Ahmed Merabet, lieutenant de police, abattu à bout portant par l'un des frères Kouachi.

« Tu veux nous tuer ?
— Non, c'est bon, chef. »

Que deviennent les secondes quand ces secondes sont les dernières ?
Y a-t-il un peu de ciel entre le bitume et la peur ?
Dans quels bras quelles pensées quels amours se tient-on avant de tout quitter ?

« Tu veux nous tuer ?
— Non, c'est bon, chef. »

Quand cesse-t-on de vivre pour commencer à mourir ?
Quand cesse-t-on de souffrir ?
Quand quitte-t-on l'espoir la peur et le désir,
Pour accepter de partir ?

« Non, c'est bon, chef. »

C'est une prière sans secours,
Une humanité sans partage.
C'est une vie volée,
Et c'est une mort bafouée,
Filmée depuis une fenêtre et postée sur Facebook « par réflexe stupide », « comme la vidéo d'un chat ».

« Non, c'est bon, chef. »

C'est une voix, c'est un souffle. Le dernier.
« Et je continue à l'entendre tous les jours[1]. »

---

1. Parole de Malek Merabet, frère de la victime.

CHRISTOPHE ONO-DIT-BIOT

AU REVOIR PRÉSIDENT

J'ai du mal à imaginer Wolinski dans une flaque de sang. *Wolin* tué par balles ? Désolé, ça ne colle pas. Erreur de casting. Ce n'est pas du tout du Wolinski. Chez lui, tout était doux, rond, chaud, vivant. Caustique, certes, mais pas acide. Mordant oui, mais pas carnassier. J'ai du mal à imaginer qu'on ne verra plus notre « bien-aimé Président » – le seul à qui certains d'entre nous reconnaissaient d'ailleurs ce titre – dans les salles de réunion du *Point*. Sous ses auspices, avec la joyeuse bande de dessinateurs du prix de la bande dessinée du *Point*, avec Florence Cestac, avec Jul, avec Pétillon, avec Bastien Vivès, avec Albert Algoud, il s'agissait chaque année de couronner l'éclosion d'un talent dans la famille exigeante, et jusqu'alors riante, des dessinateurs. Et chaque année, c'était la même expression dans l'œil de ce bon vieux Georges quand il découvrait un petit jeune qui le bottait, un coup de patte souple, une liberté de ton qui ravissait l'expert : le sourcil, alors, se faisait encore plus attentif derrière les lunettes chaussées pour mieux examiner un trait, une courbe, « un galbe », disait cet amoureux de Manet. « Quand je rends visite à mon ami Adrien Maeght, à la fondation de Saint-Paul-de-Vence, confiait-il à Romain Brethes dans *Le Point*, je vais toujours voir au-dessus de la cheminée un tableau de Manet, qui représente simplement une femme étendue sur un divan, éclairée par la lumière naturelle. Cet art-là me donne un bonheur fou. » La parole de « Président », c'était à la fois précis et plein de bonté, de joie à transmettre, de bienveillance, et toujours, parce qu'il n'aurait pas été Wolin sinon, une parole décorsetée. C'est qu'il n'aimait pas trop ça, Wolin, les corsets… La délibération faite, quand on invitait nos amis à faire un petit dessin pour le lauréat, c'était toujours, sous son feutre noir, une femme qui se déployait, nue, souriante, seins en jolie poire, téton pointu, prête à l'aventure. « On crie beaucoup sur la pornographie mais, au moins, on a l'air moins idiot devant une femme qu'autrefois », disait-il, pragmatique, du même pragmatisme que celui qui accueillit la demande de la BNF de recueillir ses dessins, ce qui le mettait en joie : « Ils les référencent, les photographient, les classent, les protègent, alors que cela débordait partout chez moi. » Les femmes, il les adorait, à commencer par sa femme la belle Maryse, dont il parlait toujours avec des mots d'amoureux. Des dessins et des seins. « On a eu raison de lui donner le prix, reprenait-il une fois son dessin fait, car il a de l'esprit ce garçon (ou cette fille, car ce phallocrate était féministe), mais surtout il/elle dessine bien les seins ! » (même s'il prétendait que la partie du corps qu'il préférait dessiner, c'étaient les poignets. On le l'a jamais cru…). Lucie Durbiano, Riad Sattouf… Quel découvreur c'était ! Voilà pourquoi, on peut dire, et pourquoi il faudra encore le dire, que c'est avec lui, avec eux, une partie de notre âme que l'on a tué. Une partie de notre âme, et une certaine façon d'être Français : critique et bienveillant. Constamment attentif aux charmes de la chair et à ceux de la pensée. Aux éclats des Lumières et à ceux, plus sombres, de la mélancolie. Car Georges avait dernièrement une petite peur. Pas des islamistes, qui ne l'inquiétaient pas, et ce n'est pas maintenant que ça va commencer. La mort, il avait d'ailleurs toujours vécu avec. Son père assassiné à

Tunis alors qu'il n'avait que deux ans, dans ce pays où il avait grandi et découvert la bande dessinée grâce aux Américains débarqués en Afrique du Nord. « Les autres enfants demandaient du chocolat et des chewing-gums aux GI, moi, je leur disais : "*Have you comics ?*", et ils me donnaient des *comics*, mais aussi du chocolat et des chewing-gums ! » Et puis sa première femme tuée dans un accident de voiture. Oui, la mort, il y pensait souvent. « Je n'ai pas beaucoup de solutions face à ce problème, et surtout pas Dieu. Un humoriste ne peut pas croire en la religion. Car c'est un homme qui est seul, et qui a peur. » Mais là, c'était une autre chose. Une peur liée aux copains : il ne voulait pas mourir après son ami Cabu. Ne pas se retrouver tout seul, ne pas rester le dernier de la bande, Cavanna, Choron, Gébé, Cabu et lui, donc, cette bande qui dans les années 60 et 70 avait révolutionné la presse et fait souffler comme jamais sur le pays un vent de liberté (parfois enfantine et c'est si bon) avec *Hara-Kiri*, le journal qui ne portait son surnom « Bête et méchant » que comme une antiphrase, car il n'était ni méchant ni bête. L'hebdo *Hara-Kiri* qui devint *Charlie Hebdo*, avec aujourd'hui tous ces petits jeunes qui avaient repris le flambeau d'une époque révolue où, comme il disait, « tout était dû à notre gaieté, à notre liberté. On s'amusait sans penser au lecteur. C'était ça qui lui plaisait le plus, je crois ». Cabu n'est pas parti avant lui. Sur ce plan-là, Wolin aura été exaucé.

Non, vraiment, ça ne colle pas, ces balles qui fusent et lui comme cible. Je n'ose même pas imaginer son regard sidéré, écœuré au moment de la scène. Je me dis qu'il a dû se dire : « Quels cons ! » Le roi des cons était d'ailleurs le nom d'un de ses personnages. On rapporte qu'il aurait eu le temps de décocher un bras d'honneur à ses tueurs avant de mourir. Je ne sais pas si c'est vrai, mais ça serait tout lui. Quels cons ! Dans son dernier livre, *Le Village des femmes*, Wolin imaginait un village français dirigé par les femmes, où les hommes ne sont acceptés qu'à condition d'être accompagnés par des femmes qui se portent garantes d'eux, et à l'autre condition de veiller à bien s'occuper des tâches ménagères. Une utopie qui convenait à merveille à son héros, un vieux dessinateur solitaire tombé amoureux d'une jeune femme délicieuse. À la fin, une bande de mâles que cette utopie insupportait venait y foutre le feu. Comme ils l'ont fait à *Charlie Hebdo* qui était aussi une utopie, une utopie réelle, assumons l'oxymore. Je me souviendrai toujours de ce dessin du *Village des femmes* où l'homme, nu, de dos, qui ressemble pas mal à Georges, et ça doit être fait exprès, ses lunettes à la main, dit à la femme, nue, de face, sur un lit, disposée au plaisir et à la vie : « Que tu es belle. » Et elle de répondre : « Viens, allez, viens ! » Allez, viens, Georges.

(Texte publié dans *Le Point* du 15 janvier 2015.)

KATHERINE PANCOL

SUR UN AIR DE ROBERT DESNOS

Une manif de cent mille mètres avec des pingouins
    tout en tête,
Ça n'existe pas, ça n'existe pas.
Un défilé de millions de gens qui tapent des mains en
    criant li-ber-té, li-ber-té d'ex-pres-sion,
Ça n'existe pas, ça n'existe pas.
Une manif pleine de pancartes et de chansons,
De bouilles rondes, de bouilles carrées, de bouilles
    crayons,
Ça n'existe pas, ça n'existe pas.
Une manif qui court le monde,
Parle français, javanais, espéranto,
Ça n'existe pas, ça n'existe pas.
Une manif de même pas peur,
Tous unis, tous différents.
Ça n'existe pas, ça n'existe pas.
Une manif pour que jamais ça recommence.
La haine et la folie à l'infini,
Sous le ciel des Tropiques ou de France,
Ça n'existe pas, ça n'existe pas.
Mais si, mais si, c'est arrivé,
Pas plus tard que le dimanche 11 janvier
De cette nouvelle année.
Et de là-haut, avec Desnos, ils nous r'gardaient,
Buvaient un verre, s'tapaient la cloche,
Tournaient les pouces, roulaient carrosse.
Ils se marraient, lançaient du riz et du whisky

Des Chocapic, des confettis.
Criaient : « Ne changez pas, restez ainsi,
Marchez tous les dimanches et les lundis, les mardis
  et les mercredis
Et tous les jours de la semaine sans répit,
Battez le pavé, restez debout et rigolez, rigolez ! »

BERNARD PIVOT

Quand vous fîtes jouer votre osé « Mahomet »
vous eûtes la chance, monsieur Arouet,
de n'avoir pas fatwa lancée sur votre tête,
pas même injures sur votre site Internet.

PATRICK POIVRE D'ARVOR

CHARLIE ET LES PROPHÈTES DE MALHEUR

Des journalistes qu'on assassine, c'est bien sûr la liberté qu'on assassine. Ils étaient pourtant bien innocents, avec leurs crayons en guise de kalachnikov, ces caricaturistes si gentils dans la vie. Ils ne m'ont pas toujours fait rire, ils s'en sont pris à des amis ou à des symboles eux-mêmes bienveillants, mais la belle affaire ! Ils étaient une partie de notre France, avec leurs plaisanteries grivoises ou gauloises selon les goûts, avec leurs obsessions salaces qui ne s'étaient pas arrangées l'âge venant... Il fallait les prendre tels qu'ils étaient, il faut nous prendre tels que nous sommes, pétris de contradictions mais si français. C'est pour ça que j'aime mon pays. Plus on le meurtrit, plus on le grandit, plus il se redresse. Et quels jolis cadeaux posthumes ces 60 000 exemplaires habituels devenus par miracle (Jésus, Mahomet ?) cent fois plus nombreux une semaine plus tard. C'est ça la multiplication des pains. Reposez en paix, les amis, les prophètes du malheur ne sont pas près de nous abattre.

ROMAIN PUÉRTOLAS

LE JOUR OÙ LA BOMBE AUX COULEURS ARC-EN-CIEL EXPLOSA SUR LE MONDE

Mercredi 7 janvier 2015, 11 h 30, base secrète d'Al-Qaïda, dans le XIe arrondissement de Paris

Lorsque la vieille dame en bigoudis ouvrit la porte de sa maison, située au 8 de la rue Nicolas-Appert, les quatre « caricaterroristes » comprirent qu'ils s'étaient trompés d'adresse. Ils se regardèrent au travers de leur masque et haussèrent les épaules.

— Je pense que nous avons fait erreur, madame, dit celui qui portait le masque de Mahomet et semblait être le chef. Par hasard, vous n'auriez pas connaissance d'un refuge de terroristes dans le quartier ?

La petite vieille leva les yeux au ciel, comme si elle s'attendait à y trouver la réponse.

— Il y a bien ce monsieur de l'immeuble d'à côté, il promène son chien tous les matins et ne ramasse jamais les crottes sur le trottoir, vraiment, c'est…

— Merci, madame, dit l'homme qui portait le masque de Jésus afin de couper court à cette conversation qui s'annonçait stérile.

— Putain, Cabu, à cause de toi, toute notre opération a bien failli capoter ! lança Mahomet lorsqu'ils se furent éloignés.

Les trois hommes se tournèrent vers leur collègue qui se débattait avec un plan dans tous les sens.

— J'arrive toujours pas à me faire à ton masque de

Britney Spears, avoua Jésus. Je savais bien que j'aurais dû aller acheter les déguisements moi-même.

Cabu leva la tête de son plan de Limoges.

— Je vous l'ai dit, les gars, ils avaient que Mahomet, Jésus et Yahvé en stock comme masques religieux. Après, c'était soit Britney Spears, soit Marine Le Pen.

— T'as raison, à choisir une écervelée, autant en prendre une qui chante bien, dit Jésus.

— Qui chante bien ? Ça, c'est à voir, corrigea Yahvé.

— Et puis t'as pas entendu Marine chanter *La Marseillaise* ! compléta Britney Spears avant d'être rappelée à l'ordre par Charb, sous les traits du prophète musulman :

— C'était pas la peine de mettre un masque, Cabu, t'étais déjà très bien en Mireille Mathieu !

Le chef signala du doigt la coupe de cheveux du caricaturiste. Jésus pouffa.

— Me fais pas rire, Charb, je vais encore me pisser dessus !

Et alors que les autres se remettaient en route, Wolinski, le plus vieux des quatre, et atteint de prostate aiguë, se soulagea contre un arbre. Une bonne sœur qui passait par là vit le fils de Dieu, pantalon baissé, en train de dessiner, sur un saule, des poissons avec son jet d'urine. Elle se signa, horrifiée, avant de se dire qu'après tout ce qu'il avait enduré, le pauvre, il fallait bien le comprendre un peu. Mais elle s'éclipsa rapidement avant qu'il ne la voie et ne lui demande de lui laver les pieds.

En repartant, Jésus marcha dans une crotte de chien.

— Merde, la vieille avait raison ! jura Wolinski avant de rejoindre à grands pas ses confrères en laissant des traces de merde un peu partout sur le trottoir. (La bonne sœur avait bien fait de passer son chemin, lui laver les pieds eût été une véritable croix…)

Après quelques mètres, le commando sut qu'il avait enfin trouvé ce qu'il cherchait. Devant une porte cochère, dans une guérite en verre, les dessinateurs aperçurent un homme emmitouflé dans une grande djellaba noire qui semblait monter la garde. De sa capuche ne s'échappait qu'une grande barbe bouclée, noire elle aussi.

— On dirait que Papa Noël est en deuil, souffla Mahomet à ses complices qui pouffèrent de rire.

La sentinelle, tout absorbée par la lecture de la section horoscope du *Charia Hebdo* (il n'y croyait pas, mais on ne savait jamais…), comprit aussitôt à quoi elle faisait référence par : « Aujourd'hui, il se pourrait bien que vous fassiez une rencontre explosive » lorsqu'il vit s'écraser les visages de Mahomet, Jésus, Yahvé et… Britney Spears sur la vitre de sa guérite dans un fracas assourdissant. Et avant qu'il ait pu atteindre la kalachnikov qui pendait à son cou, Charb dégaina une blague. Malgré son gilet pare-blagues, l'homme s'effondra, mort de rire sur le coup. Britney Spears l'immobilisa de ses fins bras velus et Tignous ne put s'empêcher de lui dessiner une bite sur le front.

Au pas de gymnastique, les dessinateurs grimpèrent jusqu'au premier étage, défoncèrent la porte à coups de grenades de bonne humeur et entrèrent dans la salle de conspiration. Douze djihadistes, occupés à décider, autour d'un bon thé à la menthe, de leur prochaine cible infidèle (Coca-Cola, Danette ou Durex), les dévisagèrent. Tous portaient une djellaba noire. On se serait cru à une concentration de fans d'Édith Piaf.

— Mahomet ! hurla, incrédule, celui qui semblait être le chef, les yeux emplis de panique.

— Britney Spears ? ajouta, perplexe, le djihadiste qui se trouvait à ses côtés.

Charb prit sa plus grosse voix.

— Alors comme cela, on tue en Mon nom ?

Le chef des djihadistes s'agenouilla pour supplier son prophète.

— Non, je jure sur la tête de Marine Le Pen que...

— Ne blasphème surtout pas !

Disant cela, Mahomet épaula son lance-chouquettes et vida son chargeur sucré sur le chef qui s'écroula, d'indigestion, sur le carrelage froid de la rédaction, alors que Cabu se disait qu'il aurait peut-être dû acheter le masque de la leader du Front national après tout.

Alors que Jésus demandait des cotons-tiges à la seule djihadiste femme présente pour retirer la merde des rainures de la semelle de ses chaussures, Yahvé empoigna une grenade d'humour et menaça l'assemblée.

— Attends ! ordonna Mahomet en levant la main vers son complice. Nous ne faisons par mourir de rire les femmes.

— Ça, c'est pour toi, dit Wolinski à Cabu. T'as jamais réussi à faire rire les filles.

— Ah bon ? Demande donc à Dorothée ! se défendit le dessinateur à lunettes.

— C'est bien ce qu'on disait, t'as jamais réussi à faire rire une fille, blagua Tignous.

Mahomet demanda le silence et prit par le bras ce qu'il pensait être une femme (burqa grillagée, gants et chaussures nautiques ne lui permettaient pas d'être complètement certain d'avoir affaire à ce que dans nos pays occidentaux nous désignions par le mot « femme »). Wolinski jura entre ses dents, derrière son masque de Jésus, car elle n'avait pas encore eu le temps de chercher un coton-tige dans son sac à main.

— Mets-toi dans le coin, Batman !

La femme s'exécuta (ce qui signifie tout simplement que, n'étant pas kamikaze, elle se mit dans le coin). Charb fit un signe à Cabu.

— Allez tous vous faire *feutres* ! cria l'homme à la coupe au bol.

Disant cela, il dégaina un porte-mine automatique et tira sur tout le monde ses feutres de toutes les couleurs. En quelques secondes, les djellabas et les barbes noires furent peintes en rouge, bleu, vert, jaune, orange, transformant les fanatiques en clowns joyeux aux couleurs de l'arc-en-ciel qui illuminèrent un instant le monde.

— Qu'ils sont beaux ! lança la djihadiste sous le regard froid de son chef.

Tignous hurla alors CHARLIE EST GRAND ! et balança sa grenade d'humour au milieu des djihadistes. Et tous, y compris les « caricaterroristes », explosèrent.

De rire.

À quelques dizaines de milliers de kilomètres au-dessus d'eux, un vieux monsieur avec une grosse barbe blanche se frappa le front du plat de la main.

— Nom de Moi, pas eux ! s'exclama Dieu. Pas Charb, Cabu, Wolinski et Tignous, ils vont me foutre le bordel dans mon Paradis !

Puis il s'effondra tête la première dans l'un de ses nuages comme s'il s'agissait d'un airbag.

SERGE RAFFY

LETTRE À CHARLIE

C'était au siècle dernier. Un temps si lointain. Les barricades de 68 avaient été envoyées au musée, symbole d'une crise d'adolescence d'un pays heureux et insouciant. Toi, tu venais de casser ta pipe et déjà les adorateurs de mausolées te pleuraient à chaudes larmes. Tu étais le Père de la Nation, le Grand Libérateur, tu étais Charles de Gaulle, un héros et un patriarche, la figure tutélaire et rassurante d'un pays de veaux, comme tu aimais à surnommer les Français. Une bande de potaches scribouillards te mettait au pilori chaque semaine. Tu étais leur tête de Turc bien avant Dieu, Allah, ou toute divinité aux contours improbables. Normal : tu étais la figure du Commandeur. Ces pitres du fond de la classe te houspillaient avec une jubilation de tous les instants. Des gamins, des cancres, qui se chamaillaient aussi pour un oui ou pour un non. Ou pour un coup de beaujolais. Ils étaient les princes du pied de nez, les grands manieurs de poil à gratter, irrévérencieux et impayables. Insupportables ? À l'occasion de ta mort, ils avaient mis la barre très haut : « Bal tragique à Colombey : un mort. » La censure leur mit le grappin dessus. *Hara-Kiri* était mort, mais pas les seigneurs de la clownerie. Ils lancèrent alors *Charlie Hebdo*, en hommage à Charlie Brown, le héros de la bande dessinée américaine. Curieusement, par ricochet, les Français ont cru que l'équipe constituée autour du professeur Choron, par espièglerie, t'avait dédié leur nouveau bébé. Tu étais un parrain par inadvertance. Ironie de l'Histoire : tu étais intégré dans la secte des rabelaisiens épicuriens, ces moins-que-rien époustouflants de drôlerie. Par eux, toi, l'homme du *golpe* de 1958, ta silhouette de géant de l'Histoire et ton austérité de janséniste, entriez dans la catégorie des Immortels sur la planète de la franche rigolade. Tu étais devenu l'ange gardien invisible de ces dégueulasses, toujours prêts à plonger leurs crayons dans les petites culottes, les braguettes, les fonds de bidet. Ils pourfendaient les bien-pensants à coups de provocations au ras des fesses. Ils jubilaient en tentant de percer à jour le nouveau monde du xxie siècle. Pas simple.

Ces derniers temps, leur humour avait viré au noir, depuis qu'ils s'attaquaient bille en tête aux obscurantismes. Ils n'étaient ni idéologues ni donneurs de leçons. Ces couillons magnifiques avaient l'art de se moquer d'eux-mêmes avant de s'en prendre aux idoles ou aux prophètes de tous poils. Charlie, toi le protecteur de ces sales gosses, éternels adolescents, pourquoi les as-tu abandonnés ? L'homme du 18 juin 40, tu avais le devoir de leur accorder ta protection depuis le paradis des grands hommes. Du haut de ton piédestal, les copains attendaient un geste de toi, une mesure d'urgence, un bouclier céleste, pour que la blague ne s'arrête jamais. Toi qui avais sauvé la France du déshonneur, tu leur avais tourné le dos. Qui savait que tu étais à l'origine de leur épopée ? Le 7 janvier 2015, les rois du rire sont tombés dans une mauvaise farce. Ils nous ont plongés dans le pathos. Un tsunami de larmes a dévasté une partie du pays de Voltaire. Une sacrée erreur d'aiguillage. Tes contempteurs auraient-ils apprécié ce déluge de cérémonieux hommages, cher Charlie, toi qui en as tant connu de ton vivant ? Personne ne sait la réponse, et, au fond, cela n'a pas d'importance. Le risible et absurde paradoxe de cette histoire est qu'ils sont devenus des héros. Ils t'ont rejoint, Charlie. Ils ont revêtu le costume des résistants, à leur corps défendant. Les princes de la pantalonnade « panthéonisés ». Comme toi. Au fond, ils t'aimaient bien, ces cossards géniaux et turbulents. Ils te mettaient en boîte comme on balance des boulettes de papier à un vieux prof sourd et trop bienveillant pour riposter à l'attaque. Ils t'agaçaient prodigieusement. Tu rêvais de les mettre au piquet, de leur tirer les oreilles, Charlie. Désormais, tu vas pouvoir t'en donner à cœur joie. Ils reviennent dans ta classe. Tu les trouveras toujours au même endroit, au fond, près de la fenêtre, prêts à balancer des boules puantes et des grands éclats de rire. Charlie, sois cool avec eux. Si tu sais les écouter, tu vas te taper quelques fous rires. Après tout, les géants de l'Histoire ont droit, eux aussi, à quelque récréation. Alors, Charlie, bidonne-toi avec eux. Fais-en tes potes. Pour la France. Ce n'est pas tous les jours qu'on a une bande de sublimes galopins pour mettre des bulles dans les encriers. Ça laisse des taches, c'est vrai. Charlie, n'aie pas peur de te salir les doigts. Ces types vont te rendre heureux.

TATIANA DE ROSNAY

CHARLIE ET LE TEMPLE CÉLESTE

Autour d'eux, la foule est immense, silencieuse, paisible. Au fil des heures, elle devient de plus en plus compacte, une masse qui remplit les rues à perte de vue. Sur les visages, on ne lit pas la peur, même lorsque les corps se pressent les uns contre les autres, même lorsque respirer devient difficile.

Une averse balaie le grand carrefour et s'en va, cédant la place au soleil. Personne n'avance, tous patientent dans le calme. Un ciel rose illumine la ville.

Ils restent debout pendant des heures, sans bouger. Jamais ils n'ont vu autant de monde dans un seul et même endroit. Les téléphones portables ne marchent plus, le réseau est saturé.

Les grands-parents fatiguent, cela se voit sur leurs traits tirés, mais ils se tiennent droits et stoïques. À la tombée de la nuit, ils comprennent qu'ils ne pourront pas défiler, le cortège est trop gigantesque pour s'ébranler, il n'y a rien d'autre à faire que d'attendre avec ces milliers d'inconnus. Ils savent déjà qu'ils ont vécu un moment historique, un de ceux qu'on n'oublie jamais.

Au bout d'une heure encore, ils quittent enfin la place, lentement, à petits pas, emportés par le ressac serein de la vaste marée humaine. Il faut trouver un endroit pour s'asseoir, se ressourcer, après quatre heures debout dans le froid. La plupart des cafés sont fermés, ou affichent complet.

Au coin d'une rue, ils aperçoivent une devanture discrète. *Le Temple céleste,* un petit restaurant chinois. La patronne, dame d'un certain âge, au visage rond et enjoué, leur fait signe d'entrer. Elle leur propose de s'asseoir, s'affaire, toujours souriante, leur sert un thé chaud, parfumé aux chrysanthèmes, leur raconte que, dans son pays, ces fleurs ne veulent pas dire la mort, elles sont un symbole de joie et d'éternité.

Sur la table, la patronne place une assiette de gingembre, leur explique que ses parents faisaient pareil lorsqu'ils recevaient des amis, une ancienne tradition chinoise. Cela fait trente ans qu'elle vit en France, elle a mis longtemps à maîtriser la langue, ce fut long, laborieux, elle a beaucoup pleuré, mais elle y est arrivée.

Il fait bon dans cette salle à l'éclairage tamisé, loin du bruit des pas et des éclats de voix. Mais il va falloir se remettre en route, cheminer à pied jusqu'à l'autre bout de la ville, car les transports en commun sont bondés et les taxis pris d'assaut.

En enfilant son manteau, la grand-mère remercie la dame chinoise pour son thé fleuri, son gingembre, son accueil chaleureux. Elle voudrait lui glisser un billet, mais la patronne refuse.

Sur le pas de la porte, alors qu'ils s'apprêtent à retrouver la nuit, le grand-père se retourne et demande à la patronne de leur dire comment elle s'appelle.

Le visage rond s'illumine d'un dernier sourire. Avec son accent chantant, elle leur répond :

— Je suis Charlie.

ÉLISABETH ROUDINESCO

SERRER LES RANGS

Je me souviens de ma première rencontre avec Philippe Val sur le plateau de *Ripostes*, l'émission de Serge Moati, vers 2002. Nous parlions de l'évolution de la famille et nous défendions l'idée que les homosexuels pourraient un jour se marier et adopter des enfants. Nous étions face à un responsable politique qui nous regardait comme les adeptes de je ne sais quelle secte d'intellectuels déglingués. Je n'avais alors jamais collaboré à *Charlie* et je dois dire qu'à l'exception des caricatures que je trouvais superbes, je n'étais pas très emballée par les chroniques. Mais enfin, *Charlie* était un « classique ». Chaque semaine, je me tordais de rire en découvrant ses couvertures et, bien sûr, toutes celles auxquelles on avait échappé.

De fait, *Charlie* était un vrai journal engagé, le seul peut-être à prendre des positions radicales dans un monde désenchanté. Dès cette rencontre, Philippe et moi nous devînmes d'excellents amis, d'autant qu'il était inconditionnellement attaché à la pensée freudienne : non pas à une orthodoxie ou à une idolâtrie, mais à cette idée que la psychanalyse était une avancée de la civilisation sur la barbarie. Je me souviens de son édito lors de la sortie du *Livre noir de la psychanalyse*. Une véritable descente en flammes d'une drôlerie stupéfiante. Il parlait de « tatanes merdeuses » et autres noms d'oiseaux. Cela lui vaudra de se faire copieusement injurier par tous les imbéciles qui trouvaient merveilleux, déjà, que l'on insulte Freud et qu'on fasse de lui un fasciste incestueux et rapace, responsable d'un goulag clinique, et de tous ses héritiers de répugnants obscurantistes. Mais peu importe, il s'en fichait. Comme sa bande de copains, il prenait un plaisir extrême à livrer en permanence une véritable guerre à la bêtise. Mais dans les colonnes de *Charlie,* il laissait Michel Polac libre de vouer aux gémonies le nom de Freud et, à l'occasion, le mien. C'était la règle : liberté d'expression totale.

À travers cette amitié, je me suis rapprochée de *Charlie.* Par la suite, j'ai fait la connaissance de Bernard Maris, qui s'était lancé dans une étude comparative entre la critique faite par Keynes de la capacité du capitalisme à s'autodétruire et la théorisation par Freud de la pulsion de mort. Lui aussi détestait la sottise, et même si bien souvent je ne partageais pas ses goûts littéraires, j'aimais la manière dont il attaquait les jargons de l'économisme comme d'autres dénoncent le scientisme ou le charabia psychanalytique. Il avait, comme moi, été pris à partie par l'extrême droite et le Club de l'Horloge en recevant le prix Lyssenko.

Et puis c'est aussi grâce à *Charlie* que j'ai pu rencontrer l'un de ceux que j'admirais le plus depuis longtemps, Georges Wolinski, très lié à Olivier Bétourné, lui-même ami de longue date de la délicieuse Maryse Wolinski. Georges était allé plus loin encore que ceux de sa génération dans la lutte contre la bêtise, en inventant l'histoire du roi des cons, avec sa tête de galette couronnée et son gros nez en forme de verge molle. On a beaucoup dit qu'il était un macho méditerranéen érotomane. Quelle erreur ! Et c'est dans son autoportrait – « Georges entouré de femmes nues » – qu'on saisit le mieux ce qu'il était : un amoureux de toutes les femmes, de toutes les manières d'être une femme. Planté avec ses yeux ronds

et son cigare, nœud papillon et smoking noir années cinquante, il trône dans ce dessin de lui-même, tel un enfant
comblé, au milieu de quinze baigneuses hilares et allu-
mées, fièrement assis sur le canapé d'un bordel, sorte de
divan baroque en forme de vagin charnu.

Rien n'était plus vibrant chez lui que son humour,
issu autant de son expérience tragique de la vie – un père
assassiné sous ses yeux – que de sa conception de la vertu
conjugale : « Je veux être incinéré. J'ai dit à ma femme :
tu jetteras les cendres dans les toilettes, comme cela je
verrai tes fesses tous les jours. » Je pense à lui aujourd'hui,
à lui qui, comme les autres, a été assassiné pour avoir
aimé les femmes, l'amour, la gastronomie, la beauté, la
liberté. Je pense à sa gentillesse coupable et à sa tendresse
toujours teintée de mélancolie.

Je me souviens aussi de l'affaire des caricatures de
Mahomet, du procès, de la tension qui régnait au Palais
de Justice, des débats à n'en plus finir sur le droit de rire
de tout. On savait depuis ce moment que le fanatisme
ne laissait, quant à lui, aucune place à aucune forme de
liberté. Il y eut alors des imbéciles pour prétendre que l'on
ne devait pas se moquer des religions, ni de Dieu, ni des
croyances, ni des identités, qu'elles étaient respectables et
sacrées. Comment ne pas voir que le fait même de poser
une telle question revient à céder à l'intolérance ? On ne
peut rire que de ce qui est sacré. C'est à ce moment que
j'ai ressenti à quel point *Charlie* était à la pointe d'un
combat en faveur des Lumières.

Jeudi matin, quand j'ai appris la tuerie, c'est à Philippe
Val que j'ai téléphoné. D'emblée, il m'a dit : « Il faut
serrer les rangs, ne pas désarmer et faire paraître immédiatement un numéro de *Charlie*. » C'est ce qu'auraient

voulu Charb, Cabu et les autres. Oui, bien sûr, mais ça ne suffit pas.

Ce combat des Lumières, qui a été pendant tant d'années celui de *Charlie,* je voudrais bien qu'il soit un exemple pour demain et que l'on cesse enfin dans ce pays – celui de la Révolution, de Victor Hugo et de la Résistance – de porter au pinacle, fût-ce en prétendant les critiquer, toutes sortes d'ouvrages abjects et dénués de talent qui, dans la plus pure tradition du nihilisme, du décadentisme et de la haine des élites, s'en prennent aux femmes, aux homosexuels, aux Arabes, aux Juifs, à la pensée, à l'intelligence, à la raison. Apologie du régime de Vichy, appel à la déportation des étrangers par crainte d'un « grand remplacement », ou encore revendication masochiste d'une soumission stupide, jugée plus utile que la liberté, l'engagement ou la rébellion, voilà ce que dénonçait magnifiquement *Charlie,* en se moquant sans cesse, et sous toutes ses formes, du « roi des cons », de sa galette et de son gros nez.

Voilà ce dont il faut hériter aujourd'hui.

(Texte publié dans *Libération* du 11 janvier 2015.)

ERIC-EMMANUEL SCHMITT

MANUEL DU FANATIQUE
Pour en finir avec l'humanisme, la tolérance, la sagesse
et autres débilités...

Si tu lis ces pages, c'est que tu souffres.

Tu souffres de ne pas savoir qui tu es, tu pâtis d'ignorer quoi penser, tu manques d'assurance à en crever. Depuis ta naissance, tu as l'impression de t'empêtrer dans un monde mou, sans consistance, qui pourtant te rejette. Tu t'ennuies au cœur d'une société bruyante, raisonneuse, assourdissante, qui néanmoins ne te dit rien. Tout t'humilie : tant le regard des autres que leur indifférence, leurs paroles comme leurs silences, leur dédain, leur compassion. Sans racines et sans ailes, tu ne te reconnais pas dans un passé, tu ne t'imagines aucun avenir et le présent t'écœure. Bref, tu n'es plus qu'un malaise.

Alors sois rassuré : tu tiens ton salut dans tes mains ! Mes conseils t'apporteront la guérison.

Ma méthode est simple : te transformer en parfait fanatique. Je m'engage à faire de toi un individu doté de certitudes qui agit sans hésiter.

Pour atteindre ce but, nul besoin d'être intelligent ou fort.

Mon programme n'offre aucune difficulté intellectuelle. Au contraire : plus ton esprit se révélera étroit, plus vite tu réussiras. En revanche, si tu fais preuve de certaines capacités mentales, je t'apprendrai à lutter contre toi-même en pratiquant la fermeture, la restriction, le déni, l'ignorance.

Tu n'as pas besoin non plus d'aptitudes physiques.

Appuyer sur le bouton d'une bombe ne demande ni muscles ni endurance, seulement une détermination farouche.

À la fin de ces pages, tu seras un autre homme, un homme de fer, un puissant qui ne doute plus, un seigneur distinguant ses ennemis d'un coup d'œil, un chef prêt à imposer sa certitude à n'importe quel prix. Ta vision aura la clarté qui lui manque en ce moment : tu auras gagné des frères et ceux qui sont englués dans l'erreur deviendront tes cibles tandis que, toi, tu brandiras le flambeau de la vérité.

Pour cela, contente-toi d'obéir aux commandements que je vais te donner.

1 – Victimise-toi.

2 – Convaincs-toi que tu ne saurais être à l'origine de tes problèmes.

3– Désigne un bouc émissaire.

4 – Trouve-toi une cause.

5 – Borne tes idées à cette seule cause.

6 – Sitôt que tu as obtenu cette réponse, ne te pose plus de questions.

7 – Remplace tous les livres par un livre.

8 – Récite au lieu de réfléchir.

9 – Cesse de douter.

10 – Cultive l'ignorance.

11 – Bannis la nuance.

12 – Soustrais-toi au débat.

13 – Ne change pas d'avis.

14 – Ferme-toi.

15 – N'admets jamais que tu pourrais te tromper.

16 – Considère que ta conviction vaut davantage que tous les arguments.

17 – Ne respecte que ceux qui te ressemblent.

18 – Vois en ceux qui pensent différemment des malades ou des dégénérés.

19 – Baptise « persécution » tout ce qu'on t'objecte.

20 – Répète-toi que si les autres ont des opinions, toi, tu possèdes la vérité.

21 – N'accepte pas l'humour des étrangers.

22 – Évite de rire, demeure d'un sérieux étanche.

23 – Perçois-toi comme pur et intègre.

24 – Nie toute autre justice que la tienne.

25 – Ne relativise pas.

26 – N'oublie rien. Un crime commis il y a deux mille ans affecte ses descendants.

27 – Ne pardonne jamais.

28 – Cultive l'hostilité.

29 – Préfère la haine à l'amour : elle est plus fiable.

30 – Ne raisonne pas, frappe.

31 – Considère tes ennemis comme des malades contagieux qu'on ne peut plus soigner, donc autant les supprimer.

32 – Va jusqu'au bout. Mieux vaut tuer que réfléchir.

33 – Massacre pour ta cause. Tu la rendras plus forte et tu en seras toi-même plus fort.

34 – Anoblis ta vie par le martyre. Seule une mort violente donne de la grandeur à une existence, à condition d'avoir fait des dégâts auparavant.

COLOMBE SCHNECK

QUAND LA GUERRE EST RENTRÉE DANS LA MAISON

J'habitais dans une maison colorée, ouverte et joyeuse. Le frigo était plein, les enfants allaient et venaient. Les amis aussi. C'était chez nous. Tout avait été choisi avec soin – lumières, livres, familiers. Et le 7 janvier, la guerre s'est immiscée dans chaque pièce.

Dans la chambre rose de Salomé est affiché un portrait d'elle par Coco. Elle a suivi dans son école des cours de bande dessinée avec elle. Ma fille de 11 ans m'a raconté de sa voix flûtée : « Coco, son bébé dans les bras, une kalachnikov sur la tempe, a ouvert la porte qui menait au bureau de *Charlie Hebdo*. » Salomé m'a demandé, allongée dans le joli lit en bois qui appartenait à ma grand-mère, dans sa chambre rose : « Comment je fais si les terroristes viennent à l'école ? » Je n'ai pas su quoi lui répondre.

Dans la grande cuisine au carrelage bleu et blanc, Balthazar, qui a 15 ans, se souvenait d'un dîner il y a trois semaines. Des filets de merlan de la si luxueuse poissonnerie du Dôme ; Philippe Lançon l'avait interrogé avec curiosité sur ses lectures. « *Super Picsou géant* et *Le Joueur d'échecs* de Zweig », avait répondu Balthazar. Philippe était enthousiaste. « Moi aussi, j'adore *Super Picsou.* »

« Est-ce qu'il va vivre ? » demande Balthazar. « Oui », je réponds. Il est un miraculé. Je fais lire à Balthazar, qui s'enferme dans sa chambre, le beau texte de Philippe publié par *Libération*.

« J'allais partir quand les tueurs sont entrés… »

Pendant la minute de silence à l'école le lendemain, Balthazar me raconte. Un élève de cinquième a crié : « Al Akbar ».

Dans mon lit, où je passe tant de temps, avec ses rideaux d'un épais lin blanc, face à moi le manteau de cheminée de marbre blanc recouvert de photos, des roses blanches dans un vase, je téléphone à mon amie Sophie Bramly. Elle est la plus enthousiaste et optimiste du monde pour tout. Sa cousine, la psychanalyste Elsa Cayat, a été tuée. La seule femme. Sophie se demande. Les tueurs savaient-ils qu'elle était juive ?

Sophie est devenue pessimiste et je pense à cette phrase de Lubitsch : « Les optimistes ont terminé à Auschwitz, les pessimistes à Hollywood. » Dans le petit salon aux murs couverts de livres, la table recouverte de financiers, de tasses de thé dépareillées, je suis avec mes amies Barka, Samia, Delphine, Anne, Hafzia, Nine, nous sommes musulmanes et juives ou pas, ce n'est plus nos goûters et nos rires, nos si graves tourments amoureux, nous sommes en conseil de guerre.

Nous avons décidé, nous allons nous lever et nous battre. Avec nos mots et avec nos poings.

La guerre est entrée à la maison.

ANTOINE SFEIR

RÉAPPRENDRE LA RÉSISTANCE

Maintenant que la passion est retombée – car l'émotion, quant à elle, restera –, quelles peuvent être les conséquences de l'attentat terroriste contre l'équipe de *Charlie Hebdo* ?

Nous allons certainement assister à une flambée de cris de victoire sur les sites islamistes et salafistes. Cela entraînera une émulation qui va pousser d'autres à tenter de copier les assassins, d'une manière encore plus spectaculaire. En cas d'arrestation des auteurs de l'attaque meurtrière, les prendre vivants devient essentiel : morts, ils risquent de devenir des martyrs que d'autres endoctrinés voudront venger ; interpellés, ils seront à traiter comme de lâches et vulgaires tueurs, des détenus de droit commun dans les mains de la justice, et ne pas leur donner l'occasion de faire de leur procès une tribune de prosélytisme. Bien au contraire, il faudra alors, comme c'est déjà le cas dans la presse, mettre en exergue leurs propres échecs personnels et professionnels.

Soyons réalistes : demain, quelle que soit l'excellence de nos services, nous ne pourrons contrôler et prévenir que quelque 20 % des tentatives d'attentat auxquelles vont probablement vouloir se livrer les jihadistes revenus d'Irak et de Syrie ; d'où l'importance de former nos concitoyens à une vigilance permanente.

Il va nous falloir réapprendre la résistance ; il va nous falloir réapprendre également à rejeter la pensée unique, à multiplier les avis pluriels, à ne pas prendre pour argent comptant tout ce qu'on nous dit, à développer notre esprit critique – si français, reconnu dans le monde entier –, à réintroduire le doute dans nos certitudes péremptoires. En un mot, réapprendre à dire NON.

Non à la violence sauvage de terroristes masqués, défenseurs autoproclamés du Prophète de l'islam, dont ils ne connaissent ni les fondements ni l'esprit.

Non à la défaite de la liberté d'expression, à la tentation de l'autocensure, par peur d'attirer en réponse la rage de barbares incontrôlables. Quel que soit son goût douteux ou son degré de provocation, la satire est salutaire ; si elle va trop loin, un État de droit possède l'arme de la justice pour réparer l'outrage éventuel.

Non à la stigmatisation d'une population musulmane qui serait, au mieux, suspecte d'abriter en son sein de futurs jihadistes ou, au pire, de comploter pour islamiser et voiler la France entière, comme certains essayistes polémistes et autres romanciers opportunistes voudraient le laisser entendre. Au risque de me répéter inlassablement, je continuerai d'assener que les musulmans en question, croyants ou pas, pratiquants ou pas, sont d'abord français, et ce, depuis deux ou trois générations – c'est-à-dire plus longtemps que moi ; qu'en France, il n'y a pas de communautés mais des individus citoyens ; que la laïcité, unique au monde, garantit aux citoyens non seulement le respect de toute foi ou opinion philosophique, mais aussi le cantonnement de cette conviction dans la sphère privée.

Non, enfin, aux compromissions politico-financières de nos gouvernements avec des régimes archaïques, fondamentalistes, comme l'Arabie Saoudite et son petit voisin, le Qatar. Les mêmes millions qui ont été investis dans nos clubs de sport et nos industries, y compris de défense nationale, ont servi à financer les groupes sala-fistes et jihadistes qui font aujourd'hui des émules sur notre territoire. Ces royaumes pétroliers ont joué avec le feu, ne faisons pas de même !

Il en va de notre responsabilité citoyenne ; c'est ce qui nous permettra d'ôter l'écorce d'individualisme dans laquelle nous nous sommes enfermés et, enfin, de rede-venir solidaires.

Me revient à la mémoire l'histoire de cet oiseau qui prétendait vouloir éteindre l'incendie de la forêt en fai-sant d'incessants allers-retours entre la mer et le feu. Devant les ricanements des gros animaux terrés sans bouger qui lui demandent s'il croit sincèrement pou-voir y arriver, il répond : « Je ne sais pas, mais je fais ma part... » Le temps n'est-il pas venu pour les citoyens français de cesser de râler pour tout et rien, de se révol-ter pour une cause plus essentielle, et de faire, ensemble, debout, dignes, droit dans nos bottes, chacun sa part ?

Bon vent *Charlie* !

ISABELLE STIBBE

NI DIEU NI MAÎTRE

Une semaine a passé depuis l'attentat de *Charlie Hebdo*. La sidération, l'effroi, la tristesse, les prises d'otages, l'assassinat de Juifs parce qu'ils étaient juifs – mais aussi la solidarité, la manifestation de millions de Français, la publication du numéro des survivants, les kiosques pris d'assaut. Tout cela en une semaine et aujourd'hui le soleil brille. Ils n'ont pas tué le soleil – pas encore. Ils n'ont tué ni *Charlie Hebdo*, ni la révolte, ni l'esprit de Voltaire. Au contraire. Leurs actes barbares nous ont insufflé une espèce de rage à défendre ce que nous sommes, nous nous retrouvons unis devant ces valeurs dont nous mesurons tout à coup la force et notre attachement : la démocratie, la laïcité, la liberté d'expression, la liberté tout court. « Liberté j'écris ton nom », tiens, tiens…

Les victimes de *Charlie Hebdo* ont écrit la liberté avec leur crayon. On aura assez dit à quel point les armes étaient inégales : « Crayon oui, kalachnikov non » fut un des slogans entendus au soir du 7 janvier, place de la République à Paris. Si beaucoup d'entre nous n'avaient jamais lu *Charlie Hebdo*, ma génération connaissait au moins Cabu. Parce que Cabu, c'était cette bonne tête – coiffure et lunettes d'un autre âge, ou plutôt sans âge –, que nous avions découverte à Récré A2 lorsqu'il caricaturait Dorothée, exagérant son nez en trompette, la surnommant « La Grande Duduche ». Peut-être quelque chose de ce rapport à l'enfance s'est-il immiscé dans le haut-le-cœur qui nous a soulevés lorsque nous avons appris que Cabu faisait partie des tués.

Ce rapport à l'enfance, c'est aussi le crayon bien sûr. Ces hommes sont morts à cause de leurs dessins. *Cartoonists*, disent les Américains. Ce terme me plaît, qui accentue plus encore que le mot français « dessinateur » le côté ludique de leur métier : le dessin animé, la BD, ça peut faire du mal, ça ?

Le crayon, bien sûr. Car avant même de parler correctement et longtemps avant de savoir écrire, tous, nous avons eu un crayon en main et gribouillé des dessins. Ce mode d'expression, nous l'avons pour la plupart lâché depuis. C'est qu'ils étaient hasardeux nos soleils, bien bringuebalants nos toits de maison, combien maladroits nos bonshommes… Pourtant, c'était notre univers que nous faisions tenir dans nos dessins. Est-ce pour cela que cet attentat nous bouleverse aussi fort ? Les Cabu, Charb, Wolinski étaient restés de grands enfants qui, pour dire le monde, n'avaient pas besoin de grand-chose : un crayon, un feutre, quelques couleurs…

N'allons pas non plus en faire des enfants de chœur. Certes, il y avait en eux du potache, ils étaient de ceux qui se marraient au boulot comme ils devaient se marrer au fond de la classe en croquant la maîtresse ou le directeur d'école, ça épatait la galerie, ça faisait rigoler les copains. Mais ce serait insulter leur acuité politique que les résumer à cela. Provocateurs, c'est en conscience que, même menacés par les dictateurs de l'intolérance, ils continuaient leurs caricatures. Pour rire ? Plus profondément que cela, pour éveiller les consciences, riposter contre les dogmes, garder vivace la critique. Y aurait-il eu la Révolution française, le monde entier nous créditerait-il de « pays des Lumières » sans cet esprit-là ?

7 janvier 2015. Ils ont été assassinés. Assez rapidement, nous sommes plusieurs à décider de nous joindre au rassemblement organisé spontanément place de la République. J'ai hésité un bref moment : parce que je suis enceinte de cinq mois, je crains d'être prise dans la cohue ou, pire, dans un nouvel attentat. Très vite, je balaie ma peur. Je sens qu'il est important d'y être. Pensant cela, je songe principalement à deux personnes.

L'une est morte il y a deux ans : c'était mon père. Né en 1929, il a vécu la Seconde Guerre mondiale, porté l'étoile jaune à treize ans. Un Français juif, profondément athée, franc-maçon. Libre penseur, bon vivant, il a réussi à transmettre à ses cinq enfants l'humour, la tolérance, le rationalisme. En somme, tout ce que ces fanatiques religieux veulent anéantir. S'il me manque tous les jours, je me prends à penser, pour la première fois peut-être, qu'il vaut mieux qu'il ne voie pas cela. Je n'aime pas imaginer la blessure que cela aurait provoquée chez lui. Pourtant, eût-il été là, je le sais, il serait descendu dans la rue. Alors c'est ce que je fais. Histoire de lui dire : « Regarde ! Ce que tu nous as enseigné est toujours vivace. »

La deuxième n'est pas encore née. Encore quelques mois et elle sera là : ma fille. Moi qui ai attendu quarante ans avant de me décider à enfanter, faisant peut-être un peu trop mienne cette phrase de Kundera[1] : « Si j'ai un enfant, c'est comme si je disais : je suis né, j'ai goûté à la vie et j'ai constaté qu'elle est si bonne qu'elle mérite d'être multipliée » – or comment « manifester [son] accord absolu avec l'homme » dans ce monde si imparfait ? je sens aujourd'hui qu'il est important pour elle, même dans mon ventre – surtout dans mon ventre, cet espace matriciel qui la constituera –, de vivre ce qu'est la liberté. C'est qu'une force plus puissante que la peur s'est imposée : appelons-la insoumission, appelons-la « Ni Dieu ni maître ».

Alors, s'il devait nous arriver quelque chose, tant pis, mieux vaut tomber du bon côté. Et comme disait Charb : « Je préfère mourir debout que vivre à genoux. »

---

1. Milan Kundera, *La Valse aux adieux,* trad. François Kérel, Folio, p. 135.

ÉMILIE DE TURCKHEIM

PAS DIEU, EN TOUT CAS

À douze ans, haute comme trois cierges, je m'ennuyais ferme dans mon collège catholique pour filles et connaissais par cœur les Dix Commandements reçus par Moïse au mont Sinaï. Le deuxième était mon préféré, parce qu'à l'instar de l'expression « ne pas se mettre la rate au court-bouillon », son sens m'échappait entièrement :

> *Tu ne te feras point d'image taillée, ni de représentation quelconque des choses qui sont en haut dans les cieux.*

Un jour d'orage, excitée par tant de mystère et n'y tenant plus, je demandai à Mlle Brune, la pieuse, la redoutée, la sévère religieuse chargée du catéchisme, ce qu'ordonnait vraiment le deuxième commandement. Sans dire un mot, elle nota la réponse sur le tableau noir : « Il est interdit de fabriquer une statue et de se prosterner devant elle. »

Cet éclaircissement me parut si obscur, si tentant et si poétique que la première chose que je fis, le soir venu, une fois la porte de ma chambre vicieusement refermée derrière moi, fut de donner forme divine à une boule de pâte à modeler emprisonnée depuis trois ans dans son pot. (La pâte à modeler subissait de plein fouet mon entrée dans l'adolescence : âge d'ingratitude où jeux et joies de l'enfance sont brûlés sur l'autel du spleen et des hormones aphrodisiaques.) C'est ainsi qu'à l'aide d'un couteau à beurre et de mes doigts démiurgiques, je fabriquai une *image taillée* hautement hérétique : une idole de 20 cm de haut, vert anglais, avec de longues jambes filiformes à la Giacometti, de gros seins en apesanteur, une barbe de Père Noël et de grands pieds palmés pour la stabilité. Je plaçai trois bougies autour de l'idole, et chaque soir, à l'heure de ma prière chrétienne, toute nue, je m'agenouillais et me prosternais voluptueusement devant elle.

Ainsi, pendant des semaines, je bafouai le deuxième commandement, à l'abri des regards, loin de Mlle Brune, la pieuse, la redoutée, la sévère. Je fis des offrandes à mon idole, déposant des centimes à ses pieds. Quand le butin fut suffisamment gros, je détroussai ma divine verte, et m'achetai, dans un bar-tabac tout enfumé, juste en face de mon collège catholique, des bonbons qui portaient de jolis noms : fraise Tagada, ourson, Schtroumpf, langue, et œuf au plat. Je partageai aussitôt mon trésor chimique avec une camarade dont je tairai le nom. Je la laissai piocher allègrement dans le sachet, tout en priant pour qu'elle ne tombât pas sur les « œufs au plat », mes préférés – un savoureux mélange de gélatine de porc, de dextrose et de colorants E 104 et E 122. Entre deux mastications, je lui dis que j'avais fabriqué une idole, une vraie, en tout point contraire au deuxième commandement. Le lendemain, Mlle Brune, la pieuse, la redoutée, la sévère, me convoqua dans son bureau. D'une voix calme, elle me demanda pour quelle raison j'avais commis un si grand péché. Je gardai pour moi la réponse qui me vint à l'esprit et qu'on pourrait traduire ainsi : « Parce que j'en ai plein le cul des crucifix et des prières, plein le cul de cette école sans joie et sans garçons. » Je restai muette. Plissant ses yeux durs, Mlle Brune décida de guider ma réflexion.

« Émilie… est-ce que, par hasard, tu n'aurais pas fait ça *juste pour rire* ? » Cette explication me parut excellente, meilleure encore que celle que j'avais gardée secrète. J'articulai un *oui* bien sonore quoiqu'un peu tremblant (n'étais-je pas en train de tomber dans le piège tendu par la perfide bonne sœur et de dire une ÉNORME CONNERIE qui me coûterait cinquante « Je vous salue Marie » ?).

« Si c'est pour rire, je ne vois pas qui ça peut déranger. Pas Dieu, en tout cas », conclut la pieuse, la sévère, la redoutée Mlle Brune.

MICHAËL URAS

Le 7 janvier 2015, de 12 h 25 à 12 h 29, j'ai passé un agréable moment.

Comme toujours, le mercredi matin, dès 7 heures, je rechigne un peu à me rendre sur mon lieu de travail pour enseigner. Peut-être parce je suis encore un peu élève au fond de moi et que le mercredi, pendant de longues années, a été le jour des enfants.

Comme toujours, j'ai râlé parce que rien n'allait, les élèves, les cours, les leçons. Heureusement, à 12 h 25, la sonnerie a retenti.

Comme toujours, j'ai bondi pour sortir au plus vite de ma salle de classe. Presque avant les élèves. Je voulais retrouver ma femme et mes enfants.

J'ai démarré rapidement pour ne croiser aucun collégien sur le parking. J'ai roulé en écoutant la musique très fort afin d'oublier ma matinée.

Comme toujours, au bout de cinq minutes, à 12 h 30, j'ai mis la radio pour écouter les informations. Je n'aurais pas dû.

Que s'est-il passé sur la route ? Qui ai-je croisé ? Je ne le saurai jamais. Tout avait disparu.

Au bout du chemin, mes filles m'attendaient. Elles dessinaient, assises à la table du salon.

Elles dessinaient. Ils dessinaient.

À 12 h 30, j'avais mis la radio pour écouter les informations. Je n'aurais pas dû.

DIDIER VAN CAUWELAERT

CHARLIE'S ANGELS

Dans la brume de Dammartin-en-Goële, à quelques centimètres au-dessus des flaques de sang, ils regardaient avec perplexité leurs corps criblés de balles. Autour d'eux, ils ne voyaient que les infidèles du RAID et du GIGN, sur qui ils avaient ouvert le feu pour être promus au rang de martyrs. Il y avait un problème. Ils n'allaient tout de même pas rester plantés là, à surplomber leurs dépouilles comme des caméras de surveillance ? Où étaient la récompense promise, le bonus du martyr, les vierges contractuelles ?

Zip ! la fermeture Éclair de la housse à cadavres leur a caché leur apparence terrestre. D'un coup, ils se sont sentis très seuls. Et puis ils ont éprouvé presque aussitôt le contraire, et c'était encore pire. Ils sont devenus douze, dix-sept, cent, mille, soixante millions, des milliards. Ils sont devenus la douleur et la colère de leurs victimes, des familles, des amis, d'un pays tout entier, de la planète unie contre eux. Leur conscience explosait sous l'invasion de ces pensées parasites qui les colonisaient. C'est eux qui se faisaient djihader, ce n'était pas possible ! On leur avait menti ! Ils étaient des héros, merde ! Ils avaient puni des bouffons sacrilèges comme on leur avait dit, alors où était la prime ?

Cette expansion de conscience s'est résorbée soudain. Il n'y avait plus rien autour d'eux. Un néant qui baignait leur vide intérieur. C'est alors qu'un point lumineux s'est agrandi peu à peu jusqu'aux dimensions d'un tunnel. Un tunnel en entonnoir où est apparue une présence rassurante.

— Ben alors, qu'est-c' vous branlez ? leur jette le tueur de l'Hyper Cacher de Vincennes. Montez !

Infiniment soulagés, ils sentent leur ego vaporeux rejoindre celui de leur pote. Ils lui demandent :

— On s'est fait baiser, ou quoi ?

— N'ayez pas peur, leur murmure une voix douce.

Ils voient se dessiner dans le tunnel blanchâtre une silhouette canon. Ah, quand même !

— C'est toi, la vierge ?

— Vous n'êtes pas au Paradis, répond la voix.

— Non, j'veux dire, la vierge qu'on doit niquer. T'es toute seule ? Y en a qu'une pour trois ?

Comme un démenti immédiat, plusieurs autres formes lumineuses prennent corps devant eux. Mais leur excitation ne dure qu'un dixième de seconde.

— Fallait lire nos dessins, camarade. Ton Prophète t'aurait expliqué qu'il est en rupture de stock, au niveau des vierges.

— Mais on est sympas, on va vous dépanner quand même.

Les présences s'éclairent l'une après l'autre à chaque parole mentale captée par les trois arrivants.

— Vous allez voir, on s'éclate bien, ici. Et pas en version kamikaze.

— Mais faut pas se voiler la face, mes p'tits loups. La mort, c'est comme la sodomie et les impôts : c'est le premier tiers qui fait le plus mal.

— Cool : on est là pour vous aider.

— Vous allez voir : on va bien vous dilater.

— Au niveau de la rate, surtout. De ce côté-là, c'est vous qui êtes vierges.

— Mais pas de souci : on va vous dépuceler les zygomatiques.

Le cercle de lumière se resserre autour des terroristes.

Une vibration de panique leur réduit l'ectoplasme à sa plus simple expression. Les Charlie's Angels reprennent avec une douceur torturante :

— Ne soyez pas tendus.

— On ne vous veut aucun mal, nous. Déçus ?

— La haine, c'est soluble. Il n'y a que l'amour et l'humour qui soient éternels.

— Mais en tant que déchets, vous êtes sûrement recyclables.

— On vous sert un p'tit coup ?

— Sans façon ? D'accord, on respecte votre religion. Allez, à table ! Faites comme chez vous.

— Vous allez voir : l'esprit *Charlie Hebdo*, c'est Allah bonne franquette.

VOLTAIRE

[...] Le droit humain ne peut être fondé en aucun cas que sur ce droit de nature ; et le grand principe, le principe universel de l'un et de l'autre, est, dans toute la terre : « Ne fais pas ce que tu ne voudrais pas qu'on te fît. » Or on ne voit pas comment, suivant ce principe, un homme pourrait dire à un autre : « Crois ce que je crois, et ce que tu ne peux croire, ou tu périras. » C'est ce qu'on dit en Portugal, en Espagne, à Goa. On se contente à présent, dans quelques autres pays, de dire : « Crois, ou je t'abhorre ; crois, ou je te ferai tout le mal que je pourrai ; monstre, tu n'as pas ma religion, tu n'as donc point de religion : il faut que tu sois en horreur à tes voisins, à ta ville, à ta province. »

S'il était de droit humain de se conduire ainsi, il faudrait donc que le Japonais détestât le Chinois, qui aurait en exécration le Siamois ; celui-ci poursuivrait les Gangarides, qui tomberaient sur les habitants de l'Indus ; un Mogol arracherait le cœur au premier Malabare qu'il trouverait ; le Malabare pourrait égorger le Persan, qui pourrait massacrer le Turc et tous ensemble se jetteraient sur les chrétiens, qui se sont si longtemps dévorés les uns les autres.

Le droit de l'intolérance est donc absurde et barbare : c'est le droit des tigres, et il est bien horrible, car les tigres ne déchirent que pour manger, et nous nous sommes exterminés pour des paragraphes.

(*Traité sur la tolérance*, 1763.)

ONT PARTICIPÉ À CET OUVRAGE :

Jacques ATTALI

Gwenaëlle AUBRY

BEAUMARCHAIS

Frédéric BEIGBEDER

Laurent BINET

Julien BLANC-GRAS

Évelyne BLOCH DANO

Vincent BROCVIELLE

Noëlle CHATELET

Maxime CHATTAM

Philippe CLAUDEL

André COMTE-SPONVILLE

Gérard de CORTANZE

Delphine COULIN

Charles DANTZIG

Frédérique DEGHELT

Nicolas DELESALLE

DIDEROT

Catherine DUFOUR

Clara DUPONT-MONOD

Jean-Paul ENTHOVEN

Nicolas d'ESTIENNE D'ORVES

Dominique FERNANDEZ

Caroline FOUREST

Jean-Louis FOURNIER

Philippe GRIMBERT

Olivier GUEZ

René GUITTON

Claude HALMOS

Victor HUGO

Fabrice HUMBERT

Guillaume JAN

Jean-Paul JOUARY

Marc LAMBRON

Frédéric LENOIR

Bernard-Henri LÉVY

François-Guillaume LORRAIN

Ian MANOOK

Fabrice MIDAL

Gérard MORDILLAT

Anne NIVAT

Christel NOIR

Véronique OLMI

Christophe ONO-DIT-BIOT

Katherine PANCOL

Bernard PIVOT

Patrick POIVRE D'ARVOR

Romain PUÉRTOLAS

Serge RAFFY

François REYNAERT

Tatiana de ROSNAY

Élisabeth ROUDINESCO

Eric-Emmanuel SCHMITT

Colombe SCHNECK

Antoine SFEIR

Isabelle STIBBE

Émilie de TURCKHEIM

Michaël URAS

Didier VAN CAUWELAERT

VOLTAIRE

REMERCIEMENTS

Cet ouvrage n'aurait pu exister sans l'engagement des auteurs, des membres de l'équipe du Livre de Poche et de Hachette-Livre, des libraires, ainsi que de tous les acteurs de la chaîne du livre. Qu'ils en soient ici chaleureusement remerciés, ainsi que Richard Malka, Lorraine Gay et Joachim Roncin, qui nous ont permis de le mener à bien dans des délais très courts.

Merci également aux différents médias qui ont offert des espaces publicitaires dans la presse, à la radio, en affichage et sur Internet.

Nous remercions le groupe CPI et Stora Enso
pour leur contribution dans la réalisation de cet ouvrage.

Le Livre de Poche s'engage pour
l'environnement en réduisant
l'empreinte carbone de ses livres.
Celle de cet exemplaire est de :
200g éq. CO_2
Rendez-vous sur
www.livredepoche-durable.fr

PAPIER À BASE DE
FIBRES CERTIFIÉES

Composition réalisée par Nord Compo

Achevé d'imprimer en janvier 2015 en France par
CPI – BRODARD ET TAUPIN
La Flèche (Sarthe)
sur papier Blue book 60 g de Stora Enso
N° d'impression : 3009377
Dépôt légal 1re publication : janvier 2015
LIBRAIRIE GÉNÉRALE FRANÇAISE
31, rue de Fleurus – 75278 Paris Cedex 06